En scène!

Sketches faciles en français

von
Laurent Jouvet

Ernst Klett Verlage
Stuttgart · Leipzig

INHALTSVERZEICHNIS

VORWORT

1 Theater spielen auf Französisch

Theater spielen macht den Schülern Spaß und was Spaß macht, lernt man gern. Durch das Auswendiglernen der Szenen werden viele bekannte Vokabeln und Strukturen situationsbezogen und mit adäquaten Emotionen automatisch verwendet. Dies ist für das Erlernen einer Fremdsprache sehr effizient.

2 Abstimmung auf Découvertes

Die neun Szenen sind auf die ersten drei Bände des Lehrwerks Découvertes neu abgestimmt, wobei es unerheblich ist, ob es sich um die erste oder zweite Fremdsprache handelt.
Sie sind so konzipiert, dass sie nach bestimmten Lektionen eingesetzt werden können (siehe Inhaltsverzeichnis). Das Vokabular und die Grammatik entsprechen dem Kenntnisstand der Schüler/innen. Neues Vokabular wird nur eingeführt, wenn es unvermeidbar ist. Es wird in Form von Fußnoten annotiert oder in Vorentlastungsübungen erarbeitet.

3 Bühnenbild und Requisiten

Die Gestaltung des Bühnenbilds hängt vom Aufführungsrahmen ab. Je nach Zeit, Geld, Material und Raum kann man das Bühnenbild aufwändiger oder spartanischer gestalten. Oft lässt sich ein gelungenes Bühnenbild sehr ökonomisch mit Hilfe von kostenlosem oder günstigem Material (z. B. Kartons usw.) erstellen. Dies gilt auch für die Ausstattung der Bühne oder Schauspieler mit Requisiten.

Auch eine pantomimische Aufführung kann durchaus in Betracht gezogen werden. Bei dieser Inszenierung benötigt man weder Bühnenbild noch Requisiten. Gegenstände und Schauplätze werden durch Gestik angedeutet. Allerdings erfordert diese Art der Aufführung viel Vorstellungskraft und Übung bei den Schauspielern, hat aber oft große Wirkung auf das Publikum.

4 Rollen

Zwischen Hauptrollen, Nebenrollen und Statisten kann jede/r eine passende Rolle finden. Diejenigen, die keine Rollen haben, können bei der Beschaffung der Requisiten, der Erstellung des Bühnenbilds, der Beleuchtung usw. eingesetzt werden.
Einige Rollen können von Jungen oder Mädchen gespielt werden. Es müssen nur die Namen – auch in den Texten – geändert werden. Der Présentateur kann immer männlich oder weiblich besetzt werden.

Die sprachlichen Anforderungen an die Rollen sind ungefähr gleich, weil sie auf dem Sprachniveau der jeweiligen Lektion beruhen. Deutliche Unterschiede gibt es im Hinblick auf die Textmenge. Aus diesem Grund ist die zu erlernende Textmenge für jede Rolle hinter der Rollennennung in Klammern angegeben:
0 = kein Text,
1 = wenig Text,
2 = mittlere Textmenge,
3 = viel Text.
Die absolute Textmenge hängt natürlich auch von der Länge des Sketches ab.

5 Einüben der Szenen

Die Schauspieler müssen in der Klasse und zu Hause ihre Texte einstudieren. Ein paar praktische Hinweise dazu:

- Man lernt immer die Rollen der anderen mit.
- Rollen können doppelt besetzt werden, so dass man mehrere Aufführungen mit verschiedenen Schauspielern durchführen kann. Auf diese Weise können mehr Schüler/innen aktiv miteinbezogen werden.
- Die Rollen werden immer in kleinen Abschnitten erarbeitet und erlernt.
- Wenn eine Szene aus mehreren Dialogen zwischen zwei Schauspielern besteht, kann man diese Dialoge parallel in der Klasse üben lassen.
- Die Texte der eigenen Rollen müssen zu Hause nachbearbeitet und auswendig gelernt werden.
- Es ist wichtig, dass der Sprachfluss der französischen Sprache möglichst authentisch und fließend ist. Deshalb sollte beim Üben bei jedem Satz konsequent darauf geachtet werden, dass die Aussprache entsprechend erfolgt.
- Um die passende Gefühlsäußerung zu einem Satz gut ausdrücken zu können, muss man zuerst das Gefühl selbst herausarbeiten, z. B. Ärger, Liebe, Freude, Staunen usw. Dies sollte zunächst in der Muttersprache erfolgen. Man übt gefühlsbezogen einige typische Sätze sehr emotional auszusprechen, z. B. Du bist ein Idiot!, Ich liebe dich!, Wirklich? usw.
  Anschließend versucht man diese Gefühlsäußerung in der Zielsprache umzusetzen.

Und jetzt, ab auf die Bühne!
En scène!

LE CARTON

Band 1, nach Lektion 2
5 Akteure, 1 Sprecher, Passanten
ca. 4 Stunden
ca. 10 Minuten

1 Inhalt

Ein paar Freunde von Emma treffen sich zufällig auf der Straße. Franck, Linda und Victor tragen jeder in geheimnisvoller Weise einen Schuhkarton bei sich und versuchen ihn unauffällig zu verbergen. Amanda und Patrick wundern sich: Was befindet sich wohl in diesem Karton?
Nach langem Hin- und Herüberlegen zeigen die Freunde den Inhalt des Kartons. Es sind kleine Katzen darin, die Emmas Katze zur Welt gebracht hat und die von der Familie abgegeben wurden.
Daraufhin wollen auch Amanda und Patrick zu Emma, um eine kleine Katze zu holen.

2 Rollen

Présentateur
„Présentateur" schildert kurz die Eingangssituation auf Deutsch.
Statisten als Passanten (0)
Mehrere Statisten laufen wie Passanten auf der Straße beliebig kreuz und quer.
Patrick (2)
Franck (2)
Victor (1)
Linda (2)
Amanda (2)

Die Rollen von Franck und Victor können auch von Mädchen besetzt werden. Die Namen müssten dann geändert werden: France und Victoire (auch im Text).

3 Bühnenbild und Requisiten

Bühnenbild
Man kann ohne großen Aufwand eine französische Straßenkulisse auf der ausgeklappten Tafel im Hintergrund aufzeichnen. Eine Gestaltungsidee für die Straße und ein französisches Straßenschild findet man in Découvertes 1 auf Seite 33.

Requisiten
Für Patrick, Linda, Victor:
Die wichtigsten Requisiten sind die drei Schuhkartons mit Luftlöchern an den Seiten, so dass man erahnen kann, dass es sich nicht um normale Schuhkartons handelt. Im Karton befindet sich ein Plüschtier (Katze), das man kaum sieht.

Bühnenplan
Die Bühne repräsentiert einen Teil der Straße (eigentlich den Bürgersteig) und läuft von links nach rechts (oder umgekehrt).
Rechts von der Bühne, weiter auf der Straße, ist die Wohnung von Emma. Evtl. durch einen Tisch andeuten.

4 Spielhinweise

Passanten
Sie können sehr unterschiedliche Haltungen einnehmen: mal gestresst, mal bummelnd. Als Requisiten können sie einen Einkaufskorb, Regenschirm, Gehstock oder Kinderwagen haben. Sie laufen immer von links nach rechts oder umgekehrt (also nicht von vorne nach hinten).

Fünf Jugendliche
Das Spiel wird lustig, wenn man sieht, dass Franck, Linda und Victor ihre Kartons verstecken wollen. Sie tragen die Kartons äußerst vorsichtig. Dies macht natürlich Amanda und Patrick stutzig. Die Haltungen müssen (wie immer im Theater) etwas übertrieben dargestellt sein und die Aussagen unterstreichen. Jeder Satz muss entsprechend seines eigenen Charakters gestaltet werden: mal mit Neugier, mal mit Zweifel, mal geheimnisvoll usw.

5 Sprachliche Vorbereitungen

Wichtig ist, dass die Sätze fließend gesprochen werden. Sie sollten, wie von Franzosen gesprochen, relativ schnell und gebunden geäußert werden.
Die Sätze müssen in kleinen Einheiten wiederholt werden, so dass der Sprachfluss natürlich wirkt. Dabei muss man versuchen, die natürliche Härte der Konsonanten der deutschen Sprecher zu mildern.
Bei der Wiederholung der Sätze soll auch gleich die passende Stimmung eingeübt werden.

LE CARTON

Présentateur:	Auf dieser Straße in diesem Stadtviertel passiert heute etwas ganz Seltsames. Emmas Freunde spazieren mit Schuhkartons umher. Was soll das bedeuten? Soweit ich informiert bin, gibt es weit und breit keinen Schuhsonderverkauf.	
		Leere Bühne als Straße. Passanten gehen manchmal vorbei.
Patrick:	Salut, Franck, ça va?	*Kommt von rechts mit Schuhkarton unterm Arm. Der Karton hat Luftlöcher.*
Franck:	Salut, Patrick. Oui, ça va bien, merci. Qu'est-ce que c'est, dans le carton?	*Kommt von links. Zeigt mit der Hand auf den Karton.*
Patrick:	Hein? Dans le carton? Euh ... Il est vide!	*Bewegung, um den Karton zu „schützen".*
Franck:	Mm? C'est vrai?	*Schaut den Karton zweifelnd an.*
Patrick:	Oui, oui, le carton est vide!	*Lügt eindeutig.*
Franck:	Tiens! Voici Linda et Amanda!	*Zwei Mädchen kommen von rechts. Sie haben sich gerade getroffen (mit „bise"). Linda hat den gleichen Karton wie Patrick.*
Linda:	Salut, Patrick, salut, Franck!	*Sie begrüßen sich mit „bise".*
Amanda:	Salut!	
Linda:	Ça va, Patrick?	*Beginnt mit Patrick zu reden.*
Patrick:	Oui, oui, ça va, merci. Et toi?	
Franck:	Tiens, c'est bizarre, Linda a aussi un carton.	*Vor sich hinsprechend.*
Linda:	Oui, merci, ça va. Et toi, Patrick?	
Franck:	Euh ... Oui, ça va bien. Mais, euh ... qu'est-ce que c'est, là, dans le carton?	*Zeigt auf Lindas Karton.*
Amanda:	Ah! Oui, qu'est-ce que c'est, Linda?	
Linda:	Dans le carton? Euh ...! Il est vide!	
Amanda:	Vide?	*Misstrauisch.*
Franck:	Oui, et Patrick a aussi un carton. Il est «vide» aussi!	*Zeigt auf Patrick.*
Amanda:	Mais oui! Qu'est-ce que c'est, Linda?	*Neugierig.*
Franck:	Oui, qu'est-ce que c'est, Patrick?	
Linda:	Mm ...	*Pause, Linda und Patrick schauen sich nachdenklich an.*
Patrick:	Mm ... D'accord. Viens, Franck.	
		Franck nähert sich Patrick. Beide drehen sich mit dem Rücken zum Publikum. Patrick ist dabei den Karton zu öffnen, als Victor von links kommt. Dann schließt Patrick plötzlich seinen Karton wieder und versteckt ihn.

Victor:	Salut!	
Alle:	Salut!	*Sie antworten etwas verlegen. Victor geht rechts hinaus.*
Franck:	Vite, Patrick! Le carton!	*Beide drehen sich mit dem Rücken zum Publikum. Patrick öffnet den Karton, aber nur ein paar Zentimeter weit.*
Patrick:	Tiens! Tu regardes?	*Franck schaut in den Karton hinein.*
Franck:	Ah! … Super! … Bonjour! Ça va?	*Spricht mit dem Inhalt des Kartons.*
Amanda:	Et moi! Et moi!	
Linda:	Viens, Amanda.	*Die zwei Mädchen drehen sich mit dem Rücken zum Publikum. Linda zeigt Amanda den Inhalt des Kartons. Sie öffnet den Deckel nur ein bisschen.*
Amanda:	Ah! Oh! Mais il est sympa! Et il s'appelle comment?	
Franck:	Mais on trouve ça où?	
Patrick:	Mm …	*Patrick schaut nachdenklich.*
Linda:	Mm …	*Linda schaut nachdenklich.*
		Victor kommt von rechts mit einem ähnlichen Karton zurück.
Victor:	Salut!	*Versucht vorbeizugehen, ohne dass man merkt, dass er einen Karton hat.*
Amanda:	Salut, Victor. Le carton, qu'est-ce que c'est?	
Victor:	Euh … Le carton? Il est vide!	
Alle:	Ah, ah, ah!	*Lachen.*
Patrick:	Dans le carton de Victor, c'est un chaton[1]!	*Zeigt auf den Karton von Victor.*
	Il s'appelle «Amandine junior[2] 3»?	
	Ici, il y a «Amandine junior 2»!	*Er zeigt seinen eigenen Karton.*
Linda:	Et voilà «Amandine junior 1».	*Zeigt ihren eigenen Karton.*
Victor:	Et on trouve Amandine junior 4 et 5 chez[3] Emma!	*Zeigt Richtung rechts, wo die Wohnung von Emma ist.*
Amanda:	Vite, Franck! Chez Emma!	
		Amanda und Franck gehen schnell nach rechts, um sich eine Katze bei Emma zu holen. Linda, Victor und Patrick schauen in den Schuhkarton hinein und streicheln die „Katzen".

1 **un chaton** [ɛ̃ʃatɔ̃] eine kleine Katze – 2 **junior** [ʒynjɔʀ] junior – 3 **chez** [ʃe] bei

LES VAMPIRES DE JULIE

Band 1, nach Lektion 3
5 Akteure, 1 Sprecher
ca. 5–6 Stunden
ca. 15 Minuten

1 Inhalt

Handys sind sehr praktisch und ermöglichen viel Informationsaustausch und eine schnelle Kommunikation. Wenn aber eine Nachricht sich beim Telefonieren verselbstständigt, kann dies zu den absurdesten Situationen führen. Das erleben die fünf Schauspieler/innen dieses Sketches. Aus einer banalen Sache (Nachts hört man Geräusche in der Küche von Julie Dupont.) entstehen gruselige und dramatische Vermutungen.

2 Rollen

Présentateur
Der „Présentateur" führt in die Situation auf Deutsch ein.
Hélène (3)
Marcel (3)
Bruno (3)
Julie Dupont (2)
Julie Lambert (2)

3 Bühnenbild und Requisiten

Bühnenbild
Die Bühne besteht aus fünf verschiedenen Lebensräumen, in denen sich je ein/e Schauspieler/in befindet. Jeder „Lebensraum" ist individuell zu gestalten.
Wenn die Technik es erlaubt, könnte man nur die zwei Schauspieler/innen, die gerade telefonieren, beleuchten, und die anderen im Dunkeln lassen.

Requisiten
Die Requisiten müssen passend zu den „Lebensräumen"/ Situationen ausgesucht werden.
Als Hauptrequisite verfügt jede/r Schauspieler/in über ein Handy. Die Handys sollten beim Anrufen unterschiedlich klingeln. Eine kostenpflichtige Verbindung per Handy sollte nicht aufgebaut werden.

4 Spielhinweise

Situationen
Jede/r Schauspieler/in befindet sich in einer beliebigen Situation, die im Vorfeld gemeinsam bestimmt wird.
Wichtig ist, dass die Beschäftigungen realistisch sind und sich kontrastieren lassen (verschiedene Körperpositionen, verschiedene Stimmungen etc).
Situationsvorschläge:
- Ein/e Schauspieler/in sitzt in einem bequemen Sessel und liest ein Buch (oder eine Zeitschrift). Er/Sie kann etwas zum Naschen und Trinken haben. Er/Sie wirkt ruhig und entspannt.
- Ein/e Schauspieler/in kann sich auf dem Boden mit einem Gameboy (oder einem anderen Spiel) beschäftigen. Er/Sie wirkt aufgeregt.
- Ein/e Schauspieler/in kann Hausaufgaben machen (Schreibtisch, Schulbücher, Tischlampe). Er/Sie wirkt konzentriert.
- Ein/e Schauspieler/in kann Musik mit einen MP3-Player hören. Er/Sie wirkt gut gelaunt.
- Weitere Situationen: Sportliche Aktivitäten im Haus, Essen, Kuchen vorbereiten, Zimmer aufräumen usw.

Bei den Telefongesprächen muss immer der Punkt gefunden werden, an dem die Zuschauer plötzlich verstehen, dass etwas Ungewöhnliches abläuft. Die Emotionen, die da entstehen (Begeisterung, Angst, Sorge, Aufregung), müssen übertrieben werden, damit sie „rüberkommen".

5 Sprachliche Vorbereitungen

Die Telefongespräche müssen so eingeübt werden, dass sie fließend und natürlich klingen. Jede/r muss die Antworten des Anderen mitlernen und mitdenken.

LES VAMPIRES[1] DE JULIE

Présentateur:	Das Telefonieren mit dem Handy ist schon toll. Man kann immer seine Freunde kontaktieren, egal, wo sie sich befinden. Und die Nachrichten und Informationen breiten sich viel schneller aus als im Zeitalter der Rauchzeichen der Indianer. Aber, ob die Nachrichten richtig weitergegeben werden, ist ein anderes Thema …	
		Die fünf Akteure stehen oder sitzen in verschiedenen Positionen an verschieden entfernten Orten. Jeder hat ein Handy. Julie Lambert ruft Marcel auf dem Handy an. Das Handy von Marcel klingelt.
Marcel:	Allô?	*Etwas schläfrig.*
Julie Lambert:	Oui, salut, Marcel, c'est moi!	*Aufgeregt.*
Marcel:	Qui est-ce, «moi»?	*Nicht sehr freundlich.*
Julie Lambert:	C'est moi, Julie!	
Marcel:	Ah? Julie Constant, Julie Leclerc ou Julie Dupont?	*Nicht sehr interessiert.*
Julie Lambert:	Je suis Julie Lambert, ta copine!	
Marcel:	Ah oui! Salut, Julie!	*Unbegeistert.*
Julie Lambert:	Tu sais quoi[2]? Il y a un problème dans la maison de Julie Dupont! Ils quittent la maison et ils cherchent un appartement.	*Erzählt schnell und aufgeregt.*
Marcel:	Ah? Un problème?	*Immer noch nicht interessiert.*
Julie Lambert:	Oui, le soir, il y a des bruits[3] dans la cuisine. Quelle horreur!	
Marcel:	Ah? Des bruits?	*Fängt an, ihr besser zuzuhören.*
Julie Lambert:	Oui, il y a des bruits dans la cuisine, avec la poubelle et les assiettes.	
Marcel:	Ah? C'est bizarre! Qu'est-ce qu'il y a dans la cuisine?	*Neugierig.*
Julie Lambert:	Personne[4]!	
Marcel:	Oui, c'est bizarre!	*Findet es spannend.*
Julie Lambert:	Tu as une idée?	
Marcel:	Euh … non.	
Julie Lambert:	D'accord, salut!	*Da Marcel keine Idee hat, beendet Julie rasch das Gespräch.*
Marcel:	Salut!	*Marcel legt auf und ruft Bruno an. Das Handy von Bruno klingelt.*
Bruno:	Allô?	
Marcel:	Salut, Bruno, c'est Marcel!	
Bruno:	Salut, ça va?	
Marcel:	Oui, ça va, merci. Tu sais quoi?	*Aufgeregt.*
Bruno:	Non? Qu'est-ce qu'il y a?	*Nicht sehr beteiligt.*

1 **un vampire** [ɛ̃vɑ̃piʀ] ein Vampir – 2 **Tu sais quoi?** [tysɛkwa] Weißt du was? – 3 **un bruit** [ɛ̃bʀɥi] ein Lärm – 4 **personne** [pɛʀsɔn] niemand

Klettbuch 523180 En scène!

Marcel:	Il y a un problème, dans la maison de Julie.	
Bruno:	Julie Leclerc, Julie Constant ou Julie Lambert?	
Marcel:	Dans la maison des Dupont.	
Bruno:	Ah oui? Un problème?	
Marcel:	Oui, il y a des fantômes[5], le soir dans la cuisine!	*Etwas leiser, fast flüsternd.*
Bruno:	Des fantômes?!	*Richtet sich plötzlich auf, schockiert.*
Marcel:	Oui, il y a des bruits dans la cuisine, le soir!	*Leise.*
Bruno:	Super! Des fantômes! On visite la maison de Julie, un soir?	*Begeistert. Laut.*
Marcel:	Mm, bof!	*Lehnt aus Angst ab.*
Bruno:	Salut, je téléphone à ma copine, maintenant.	*Beendet rasch das Gespräch.*
Marcel:	Salut.	
		Bruno legt auf und ruft Hélène an. Das Handy von Hélène klingelt.
Hélène:	Allô?	
Bruno:	Salut, Hélène, c'est Bruno!	
Hélène:	Salut, ça va?	
Bruno:	Oui, oui, tu sais quoi?	*Geheimnisvoll.*
Hélène:	Non?	
Bruno:	Il y a des fantômes et des vampires dans la maison de ta copine Julie! Il y a des bruits dans la cuisine, le soir!	*Erzählt begeistert.*
Hélène:	Julie Constant?	*Entsetzt.*
Bruno:	Non, Julie Dupont!	
Hélène:	Quelle horreur!	*Noch entsetzter.*
Bruno:	Moi, je rêve de fantômes et de vampires, c'est sympa, non?	*Leidenschaftlich.*
Hélène:	La police[6] est là?	*Mit Sorge.*
Bruno:	Oui, elle est dans le quartier et il y a aussi la télévision!	
Hélène:	Je téléphone à Julie! Salut!	*Sie ist aufgeregt und macht sich Sorgen um ihre Freundin.*
Bruno:	Salut!	
		Hélène legt auf und ruft Julie Dupont an. Das Handy von Julie klingelt.
Julie Dupont:	Allô?	
Hélène:	Salut, Julie, euh ... ça va bien?	*Vorsichtig abtastend.*
Julie Dupont:	Oui, ça va très bien, merci.	*Sehr gelassen.*
Hélène:	Mais ... la police, dans le quartier ... Il y a un problème, non, dans ta maison?	*Unsicher.*
Julie Dupont:	Ah bon? Un problème, nous? Mais non!	*Locker.*
Hélène:	Ah oui, c'est vrai, il y a la télévision! Top secret!	*Flüsternd.*
Julie Dupont:	Police, télévision, top secret, quoi? Tu racontes quoi, là?	*Fängt an, Hélène ernst zu nehmen.*
Hélène:	Et avec les vampires? C'est sympa?	*Flüsternd.*
Julie Dupont:	Hélène! Les vampires? Mais tu es folle[7]!	*Empört.*

5 **un fantôme** [ɛ̃fɑ̃tɔm] ein Gespenst – 6 **la police** [lapɔlis] die Polizei – 7 **fou, folle** [fu/fɔl] verrückt

Hélène:	Mais si[8]! Dans ta rue, il y a la police et la télévision!	*Sicher.*
Julie Dupont:	Quoi? La police?!	*Sehr erstaunt.*
Hélène:	Oui, moi, j'ai peur pour toi[9]!	*Mitfühlend.*
Julie Dupont:	Quoi? Je regarde dans la rue. Où est la police? Où est la télévision?	*Schaut aus dem Fenster.*
Hélène:	Mais, le soir, il y a des problèmes, dans ta maison, non?	*Fragt ernsthaft.*
Julie Dupont:	Des problèmes? Euh ... Non, pourquoi?	*Nachdenklich.*
Hélène:	Mais si! Dans la cuisine!	
Julie Dupont:	Dans la cuisine?!	*Überrascht.*
Hélène:	Oui, les vampires dans la cuisine, le soir!	*Insistierend.*
Julie Dupont:	Tu es folle.	
Hélène:	Mais ... et les bruits, dans ta cuisine, le soir?	
Julie Dupont:	Ah! Ça? Mais c'est Gustave!	*Sie hat verstanden, wird plötzlich sehr locker und lacht.*
Hélène:	Gustave, c'est ton vampire?	
Julie Dupont:	Mais non! C'est le chien! Le soir, il est dans la cuisine et il y a des bruits avec la poubelle et les assiettes. Mais maintenant, le soir, il est dans le salon!	*Erklärt die Situation.*
Hélène:	Ah, c'est le chien! ... Alors ... Salut!	*Enttäuscht.*
Julie Dupont:	Salut!	
		Hélène legt auf.
Hélène:	Zut, l'histoire avec les vampires, c'était plus drôle[10]!	*Etwas enttäuscht vor sich hinsprechend.*

8 **Mais si!** [mɛsi] Aber doch! – 9 **pour toi** [puʀtwa] für dich – 10 **c'était plus drôle** [setɛplydʀol] es war lustiger

VOUS AIMEZ PICASSO OU RENOIR?

Band 1, nach Lektion 5
6 Akteure, 2 Sprecher, viele Schüler
ca. 5 Stunden
ca. 12 Minuten

1 Inhalt

Wenn zwei „Collèges" nebeneinander liegen, kann es schon manchmal zu Verwirrungen kommen.
Herr Durand ist ein neuer Lehrer und weiß nicht genau, was er jetzt zu unterrichten hat. Die Schüler sind etwas frech und nehmen ihn auf den Arm. Dank seiner Vielseitigkeit könnte er sowohl Französisch als auch Deutsch oder Englisch unterrichten. Aber die entscheidende Frage stellt sich bald: Ist er in der richtigen Schule oder hat er sich in der anderen verirrt?
Als die Schulleiterin vorbeischaut, scheint sich die Situation zu klären. Wie wird die Geschichte aber enden?

2 Rollen

2 Présentateurs (1/2)
Zwei „Présentateurs" führen in die Situation auf Französisch ein.
Monsieur Durand (3)
Er ist der neue Lehrer, die Hauptfigur dieser Szene. Etwas schüchtern, vielleicht mit dicken Brillengläsern.
3 Schüler (je 2)
Drei Schüler vertreten quasi die „Stimme" der Klasse. Sie müssen Humor haben und ein bisschen frech sein.
Die Klasse (1)
Die Klasse kann mit beliebig vielen Schülern besetzt werden. Die Klasse „lebt" und reagiert auf die Situationen (pro gegen contra oder gemeinsam). Es entwickelt sich ein Chaos in der Klasse.
La proviseure (2)
Die Schulleiterin sollte streng gekleidet sein (z. B. enger Rock und Brille). Sie hat viel Autorität, aber am Ende ist sie doch unsicher.
Un prof (2)
Ein anderer Lehrer, normal gekleidet, scheint sich ebenso in das falsche Collège verirrt zu haben.

3 Bühnenbild und Requisiten

Bühnenbild
Klassenzimmer bestehend aus Tafel, Tischen, Stühlen. Ein Picassobild (bitte kein Original) kann als Indiz für den Namen des Collège an der Wand hängen oder dastehen. Damit das Ganze ein französisches Flair bekommt, kann man französische Plakate oder eine Frankreichkarte an die Wand hängen und das Datum auf Französisch an die Tafel schreiben.

Man kann auch das ganze Klassenzimmer bespielen. In diesem Fall stehen die Zuschauer vorne und an beiden Seiten am Rand.

Requisiten
- Schüler und Lehrer haben Schultaschen bei sich.
- Schüler 3 zeigt sein Englischbuch.
- Die Schulleiterin kann mit kleiner Mappe und Stift erscheinen.
- M. Durand besitzt eine Uhr, einen Stundenplan, Bücher (Französisch, Deutsch, Englisch), evtl. Blätter und eine Tasche.

4 Spielhinweise

Am Anfang muss der Kontrast zwischen dem unsicheren Lehrer und der frechen Klasse etwas übertrieben gespielt werden.
Die Reaktionen der Klasse (bewegt/ruhig, stehen/gehen) müssen sehr einheitlich wirken (Massenbewegung).
Der andere Lehrer muss verloren wirken, die Schulleiterin autoritär.

5 Sprachliche Vorbereitungen

Die Stellen, an denen die ganze Klasse durcheinander spricht, müssen geübt werden. Besonders die Schüler, die nicht der gleichen Meinung sind (oui/non, si/non) müssen sich persönlich ansprechen. Diese chaotischen Stellen fangen plötzlich an und enden sehr abrupt (z. B. mit dem „Stop" vom Lehrer).

VOUS AIMEZ PICASSO OU RENOIR?

Présentateur 1:	A Toulouse[1], dans le quartier Saint-Aubin, il y a deux collèges, le collège Picasso et le collège Renoir. Les deux collèges sont dans la rue Saint-Aubin. Alors il y a parfois[2] des problèmes!	
Présentateur 2:	Voilà monsieur Durand dans sa classe. Mais il y a un problème …	
		Klassensituation. Picasso-Bild an der Wand.
M. Durand:	Bonjour, je m'appelle monsieur Durand et je suis votre prof de français.	*Etwas schüchtern.*
Élève 1:	Pardon, monsieur, mais maintenant, nous n'avons pas français: nous avons une heure d'allemand.	*Hebt die Hand. Selbstsicher.*
M. Durand:	Na, dann. Guten Tag, ich heiße Herr Durand und bin euer Deutschlehrer.	
Élève 2:	Ce n'est pas vrai, monsieur. C'est une blague[3]. Nous avons français maintenant.	*Hebt die Hand.*
Élève 1:	Doch, wir haben Deutsch!	*Mit französischem Akzent.*
Élève 2:	Non, non, on a français, maintenant.	
Élève 1:	Ah, ah!	
M. Durand:	Ah, bon. Alors on fait du français, maintenant. Vous avez vos livres?	
Élève 3:	Non, monsieur, nous n'avons pas nos livres de français, parce que nous avons anglais[4]. Regardez, voilà mon livre d'anglais.	*Hebt die Hand.* *Zeigt sein Englischbuch.*
M. Durand:	Really? Are you sure?	*Erstaunt.*
Élève 3:	Oui, oui, monsieur, on a anglais!	
Élève 1:	Non, ce n'est pas vrai!	
Élève 3:	Si, si! On a anglais avec monsieur Durand.	
Élève 2:	Non, on a allemand!	
Tous les élèves:	allemand / on a allemand / non! / anglais / si! français / …	*Alle Schüler sprechen gemeinsam. Es entwickelt sich ein Chaos.*
Un prof:	Bonjour! Ah, pardon, je suis prof de français. Mais où est ma salle? … Ah, non, je ne suis pas ici … Pardon, au revoir.	*Kommt herein, ohne zu klopfen, schaut sich im Klassenzimmer um.*
M. Durand:	Oui, d'accord. Alors nous faisons du français maintenant.	
Élève 3:	Non, de l'anglais!	
Élève 1:	Non, de l'allemand, monsieur!	
Élève 2:	Si! Du français, s'il vous plaît! Je n'aime pas l'anglais!	

1 **Toulouse** [tuluz] frz. Stadt im Südwesten Frankreichs – 2 **parfois** [paʀfwa] manchmal – 3 **une blague** [ynblag] ein Witz, ein Scherz – 4 **avoir anglais** [avwaʀɑ̃glɛ] Englisch haben

Tous les élèves:	allemand / on a allemand / non! / anglais / si! français / …	*Alle Schüler sprechen wieder gemeinsam. Es herrscht Chaos.*
M. Durand:	Stop!	*Beruhigt die Klasse.*
		Schaut im Stundenplan nach.
	Salle 206	*Schaut auf die Nummer an der Tür.*
	de 9 heures à 10 heures	*Schaut auf die Uhr.*
	français!	
		Jemand klopft.
	Oui, entrez!!	
Un prof:	Oui, pardon, c'est encore moi. J'ai français en salle 206!	
M. Durand:	Euh, moi aussi. Salle 206. Vous allez chez la proviseure[5], s'il vous plaît. Mais moi, je suis ici, maintenant et nous faisons du français. Vous êtes peut-être dans l'autre[6] collège?	
Un prof:	Mmm. Oui, d'accord. Pardon. Au revoir.	
M. Durand:	Alors, aujourd'hui, nous ...	
Élève 1:	Oui, on a allemand, monsieur!	
Élève 2:	Français!	
Élève 3:	Anglais!	
Tous les élèves:	allemand / on a allemand / non! / anglais / si! français / …	*Alle Schüler im Chor. Es herrscht Chaos.*
M. Durand:	Yes? … Euh … Ja, nein … Pardon. Oui, entrez!	*M. Durand ist durcheinander.*
		Es klopft.
La proviseure:	Bonjour, monsieur.	
M. Durand:	Bonjour, madame. Vous êtes ...?	
La proviseure:	Je suis la proviseure du collège! Et vous?	
M. Durand:	Euh, mais je suis monsieur Durand, professeur de français, d'anglais et d'allemand.	
La proviseure:	Et qu'est-ce que vous faites ici? Ce n'est pas votre classe!	*Leicht verärgert.*
M. Durand:	Ah bon? Mais si! Regardez, j'ai français dans la salle 206, de 9 heures à 10 heures!	*Zeigt seinen Stundenplan.*
La proviseure:	Vous avez français dans la salle 206?	
M. Durand:	Et ici, c'est la salle 206, non?	
La proviseure:	Oui, ici vous êtes dans la salle 206 du collège Picasso. Mais votre collège, c'est le collège Renoir! Au revoir, monsieur!	
M. Durand:	Oh! Pardon! C'est vrai! Je vais dans mon collège. Au revoir!	*Er sammelt seine Sachen zusammen und verschwindet sehr schnell.*
Tous les élèves:	Ah, ah, ah!	*Alle lachen.*
La proviseure:	Mais alors, où est votre prof de français?	
Élève 1:	Il est dans l'autre collège!	
La proviseure:	Mais alors vous n'avez pas de prof de français, maintenant.	

5 **un proviseur, une proviseure** [ɛ̃pʀɔvizœʀ/ynpʀɔvizœʀ] ein Schulleiter/eine Schulleiterin – 6 **autre** [otʀ] andere

Élève 2:	Euh, non …	
La proviseure:	Monsieur Durand, monsieur Durand! Une seconde[7]! Faites français aux élèves, s'il vous plaît. Monsieur Durand, monsieur Durand! (etc.)	*Geht zur Tür und versucht Herrn Durand zurückzuholen. Sie verschwindet im Flur, man hört sie weiterhin rufen.*
Tous les élèves:	Ah, ah, ah!	*Sie lachen alle. Chaos.*
Un prof:	Pardon, je cherche la proviseure.	*Kommt ins Klassenzimmer herein.*
Élève 2:	Elle est au collège Renoir.	*Bestimmt.*
Un prof:	Et … votre prof de français, il est où?	
Élève 3:	Au collège Renoir.	*Wieder bestimmt.*
Un prof:	Mais, ici, on est où?	*Verwirrt.*
Élève 1:	Au collège Picasso.	*Nochmals bestimmt.*
Un prof:	Ah bon? Et bien, au revoir.	*Er geht aus dem Klassenzimmer.*
Tous les élèves:	Super! / Génial! / Ah, ah! / etc.	*Begeisterung in der Klasse. Schüler stehen auf.*
Élève 1:	Oui, mais qu'est-ce qu'on fait maintenant?	
Élève 2:	J'ai une idée!	
Élève 1:	Ah bon?	
Élève 2:	On va au collège Renoir?	
Élève 3:	Et on a deux professeurs de français de 9 heures à 10 heures!	
Tous les élèves:	D'accord! / Oui! / Super!	*Sie strömen aus der Klasse.*

7 **une seconde** [ynsəgõd] eine Sekunde

SOUVENIR, SOUVENIR

Band 1, nach Lektion 7
9 Akteure, 1 Sprecher, Statisten
ca. 5 Stunden
ca. 18 Minuten

1 Inhalt

Wer schon am Eiffelturm war, hat sicher die Souvenirverkäufer bemerkt. Diese rechnen mit der Masse an begeisterten Touristen um ihr Geschäft aufrecht zu erhalten.
In dem Sketch handelt es sich um einen Verkäufer, der versucht, die Naivität seiner Kunden auszunützen, um seine Eiffeltürme zu verkaufen. Er gibt vor, dass sie aus Gold seien. Der Trick funktioniert nur bedingt, da er einen bereits verkauften Eiffelturm zurückkaufen soll. Aber letztendlich ist er vielleicht doch aus Gold. Dies könnte ihm am Ende selbst zum Verhängnis werden, da ein Polizist feststellt, dass die Eiffeltürme tatsächlich aus Gold sind. Der Verkauf von Gold ist streng reglementiert.

2 Rollen

Présentateur (1)
Führt auf Französisch in die Szene ein.
Kassiererin (1)
An der Kasse des Eiffelturms sitzt die Kassiererin und führt verschiedene Minidialoge mit den Touristen: Sie fragt nach der Anzahl der Personen, sagt den Preis und gibt Geld heraus.
Touristen in der Schlange (1)
Beliebig viele Leute / Statisten in der Schlange sprechen leise auf Französisch miteinander und kaufen ihre Tickets, wenn sie an der Kasse sind.
2 Verkäufer (je 3)
Sie tragen ihre Bauchläden mit Eiffeltürmen.
Deutsches Ehepaar (je 2)
Sie lassen sich vom Verkäufer überzeugen und kaufen einen Eiffelturm.
Französisches Ehepaar aus Marseille (je 1)
Sie kaufen auch einen Eiffelturm.
Polizist (2)
Kontrolliert Verkäufer 1.

3 Bühnenbild und Requisiten

Bühnenbild
Auf der Bühne befindet sich eine Warteschlange am Eiffelturm. Die Schlange geht von links nach rechts. An der rechten Seite der Bühne ist die Kasse. Die Kassiererin sitzt und verkauft Tickets (Den Preis kann man aktualisieren, wenn man unter www.tour-eiffel.fr die Tarife sucht.).
Im Hintergrund kann der Eiffelturm als Poster aufgehängt werden oder es können Teile der Eisenpfeiler auf die Tafel oder Plakatpapier gemalt werden.

Requisiten
- Für die Kassiererin: Das Kassenhäuschen wird aus einem großen Karton gebastelt mit der Inschrift „Tour Eiffel". Die Kassiererin hat eine Geldkasse (z. B. Spielkasse), Geld und Tickets.
- Für die Verkäufer: Geldbeutel und einen Bauchladen mit Eiffeltürmen (Modell zum Basteln auf der nächsten Seite: Seite kopieren, schneiden, falten und kleben).
- Verkäufer 1: mindestens 24 Eiffeltürme, Papiere
- Verkäufer 2: ca. 4–5 Eifeltürme
- Für den Polizisten: Polizeiuniform.
- Für die Käufer: Geldbeutel.
- Für einige Leute der Schlange: Reiseführer von Paris, Stadtpläne

4 Spielhinweise

Schlange
Die Leute aus der Warteschlange und die Kassiererin spielen relativ unabhängig vom Geschehen. Die Leute aus der Schlange warten, kaufen ihr Tickets und gehen weg. Nur wenn der Polizist kommt oder die deutsche Frau sich aufregt, schauen die Leute aus der Schlange dem Geschehen interessiert zu.

Verkäufer
Sehr aufdringlich.

Deutsches Ehepaar
Die Ehefrau ist sehr hysterisch, mal begeistert, mal wütend, mal getröstet. Mann ist ruhig und gelassen.

5 Sprachliche Vorbereitungen

Der Verkaufsdialog zwischen Souvenirverkäufern und dem deutschen bzw. französischen Ehepaar kann sprachlich vorentlastet werden, indem man das folgende Rollenspiel als Partnerübung vorher bearbeitet.

Le vendeur *(der Verkäufer)*	**Le touriste** *(der Tourist)*
Bonjour, monsieur (madame). Un souvenir? *Guten Tag, mein Herr (meine Dame). (Möchten Sie) ein Souvenir?*	Qu'est-ce que vous vendez? *Was verkaufen Sie?*
Regardez, j'ai des souvenirs en or! *Schauen Sie mal. Ich habe Andenken aus Gold!*	En quoi? *Aus was?*
En or, oui! *Aus Gold, ja!*	C'est une blague? *Ist das ein Scherz?*
Non, non, ils sont en or! *Nein, nein, sie sind aus Gold!*	C'est combien? *Wie viel kosten sie?*
Ce n'est pas cher, monsieur (madame)! *Es ist nicht teuer, mein Herr (meine Dame)!*	Le prix? *Der Preis?*
10 euros! *10 Euro!*	Vous ne faites pas du trafic? *Treiben Sie keinen Schwarzhandel?*
Non, non, monsieur (madame), j'ai une autorisation! *Nein, nein, mein Herr (meine Dame), ich habe eine Erlaubnis!*	C'est parfait. Je prends le souvenir en or! *Perfekt. Ich nehme das Souvenir aus Gold!*

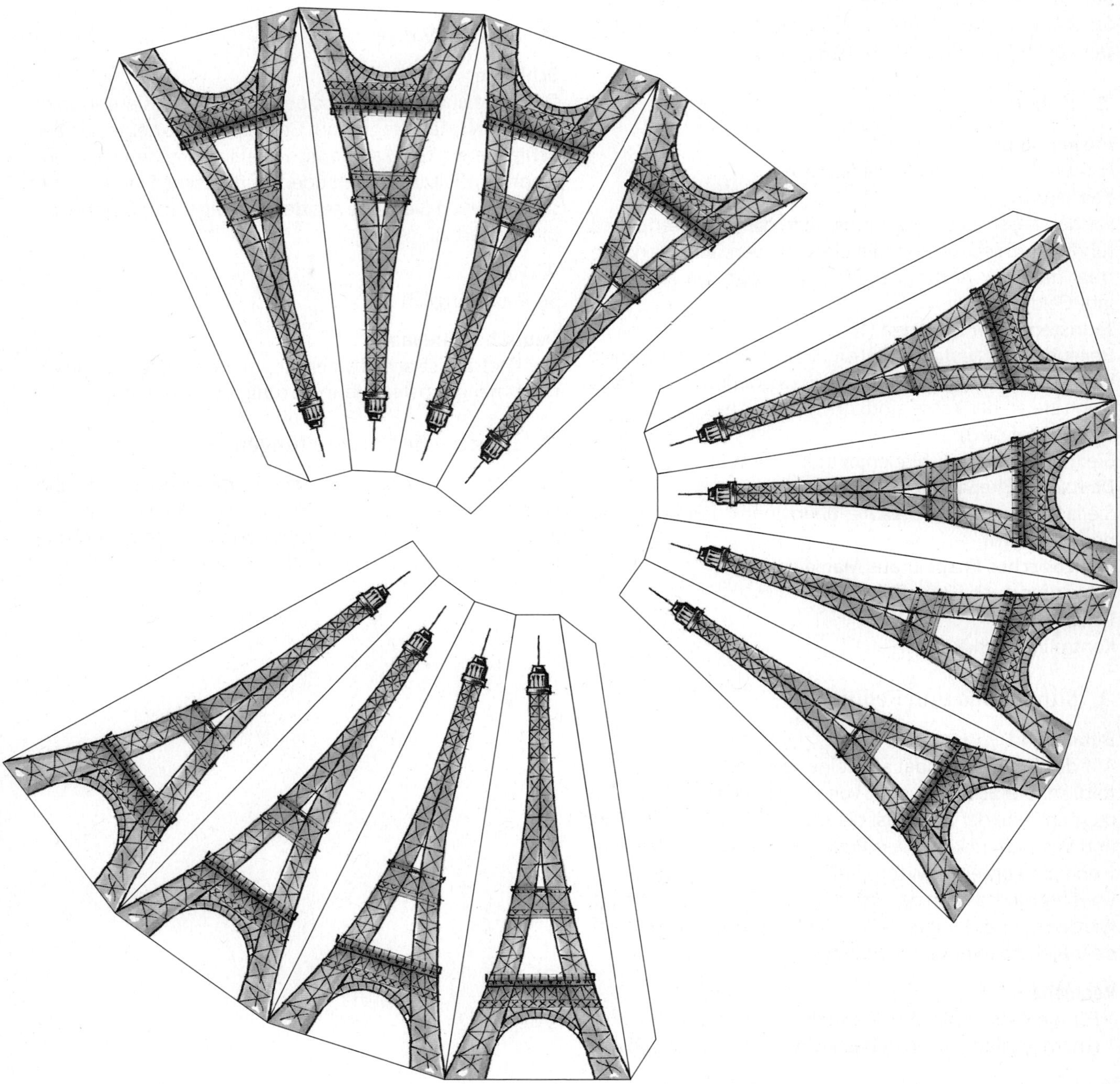

Klettbuch 523180 En scène!

SOUVENIR, SOUVENIR

Présentateur:	Nous sommes à Paris, devant la tour Eiffel. C'est l'été, et les touristes sont là. Beaucoup de touristes! Des grands touristes et des petits touristes, des touristes sympas et des touristes pas sympas. Mais où il y a des touristes, il y a aussi des vendeurs de souvenirs.	
		Schlange mit vielen Menschen vor dem Schalter des Eiffelturms.
Tourist:	Deux personnes, s'il vous plaît.	*Der Dialog zwischen den Touristen und der Kassiererin wiederholt sich in verschiedenen Varianten.*
Kassiererin:	Neuf euros, s'il vous plaît.	*Tourist zahlt, Kassiererin gibt Geld heraus und überreicht Tickets. Parallel zum (leisen) Ticketverkauf, gehen zwei Verkäufer an der Warteschlange entlang.*
Verkäufer 1:	Bonjour, monsieur, bonjour madame. Un petit souvenir de Paris? Une petite tour Eiffel? Une petite Notre-Dame de Paris?	*Bietet seine Eiffeltürme an.*
Leute aus der Schlange:	Non, merci. / Non. / Nein, danke. / Thank you. / No. / Grazie. / etc.	*Einer nach dem anderen.*
Verkäufer 1:	Bonjour, monsieur, bonjour madame. Vous parlez français? Do you speak English? Sprechen Sie Deutsch?	*Zum deutschen Ehepaar.*
Deutsches Ehepaar:	Ja, wir kommen aus Deutschland.	*Zusammen.*
Verkäufer 1:	Regardez, madame, die kleine tour Eiffel! Wunderbar! Vous aimez la tour Eiffel? Kolossal, non? Regardez mes tours Eiffel, sehr schön, sehr schön!	
Deutsche Frau:	Wie viel kosten sie?	
Verkäufer 1:	Dix euros, mais pour vous cinq euros!	*Zeigt den Preis mit den Händen.*
Deutscher Mann:	Du wirst den Eiffelturm doch nicht etwa für fünf Euro kaufen! Er kostet zwei Euro in den Läden.	*Entsetzt zu seiner Frau.*
Deutsche Frau:	Deux euros!	*Zum Verkäufer.*
Verkäufer 1:	Quoi? Mes tours Eiffel, deux euros! Mais madame, elles sont en or!	*Spielt den Beleidigten.*
Deutsche Frau:	«En or?» Was ist das?	*Zu ihrem Mann.*
Deutscher Mann:	Aus Gold.	*Zu seiner Frau.*
Verkäufer 1:	Oui, oui, madame, elles sont en or, mes tours Eiffel. Dans les magasins, elles ne sont jamais en or. Quatre euros seulement, madame!	
Deutsche Frau:	Deux euros!	
Verkäufer 1:	Trois euros!	
Deutsche Frau:	Deux euros cinquante!	
Verkäufer 1:	D'accord, deux euros cinquante. Voilà. Merci! Merci madame! Au revoir.	*Sie zahlt.*

Deutsche Frau:	Schau mal, ist mein Eiffelturm nicht süß? Er wird auf dem Fernseher sehr schön aussehen! Und er ist aus Gold!	*Zu ihrem Mann.*
Verkäufer 2:	Bonjour, madame, bonjour, monsieur, tours Eiffel! Vous parlez français? Sprechen Sie Deutsch? Do you speak English?	
Französisches Ehepaar:	Non, on ne speak pas anglais et on ne parle pas deutsch[1]. On est de Marseille!	*Zusammen.*
Verkäufer 2:	Ah! Mais vous n'avez pas de tour Eiffel, à Marseille! Vous ne voulez pas un petit souvenir de Paris?	
Franzose:	Combien?	
Verkäufer 2:	Quatre euros.	
Französin:	Ce n'est pas cher[2].	
Franzose:	Tiens, voilà quatre euros. Merci.	*Zum Verkäufer.*
Verkäufer 2:	Merci beaucoup.	
Verkäufer 1:	Bonjour, madame, bonjour, monsieur, tours Eiffel, Notre-Dame de Paris …	
Verkäufer 2:	Tours Eiffel! Souvenir de Paris. Pas cher!	*Demonstrativ lauter.*
Verkäufer 1:	Pas cher, oui, mais pas en or!	*Zum Verkäufer 2.*
	Tours Eiffel en or, seulement trois euros!	*Laut zum Publikum.*
Verkäufer 2:	En or? Tes tours Eiffel? Mais c'est une blague[3]! Tu prends aussi tes tours Eiffel au magasin de souvenirs de la rue Gustave!	*Verärgert.*
Verkäufer 1:	Mais ce n'est pas vrai! Elles sont en or, elles sont de Ouagadougou[4] et à Ouagadougou, il y a beaucoup d'or!	
Verkäufer 2:	Ah bon, c'est vrai?	
Verkäufer 1:	Oui, regarde, elles ne sont pas comme[5] les tours Eiffel du magasin.	*Anpreisend.*
Verkäufer 2:	Ah oui. Elles sont vraiment[6] en or?	*Überrascht und interessiert.*
Verkäufer 1:	Oui, regarde.	*Er beißt hinein um sie zu prüfen.*
Verkäufer 2:	Mmm, oui. C'est de l'or! Je peux avoir 20 tours Eiffel en or?	
Verkäufer 1:	Je ne sais pas.	*Zögert.*
Verkäufer 2:	Combien?	
Verkäufer 1:	Quatre euros pour une tour Eiffel. Alors pour toi, je fais un bon prix. Euh pour 20 tours, ça fait 100 euros. D'accord?	*Will Verkäufer 2 übers Ohr hauen.*
Verkäufer 2:	Non, non, non! C'est un prix pour touristes! Et puis 20 tours Eiffel à quatre euros, ça fait 80 euros!	*Aufgebracht.*
Verkäufer 1:	Mais elles sont en or! Et ici, l'or c'est cher. A Ouagadougou, ce n'est pas cher.	
Verkäufer 2:	80 euros pour 20 tours Eiffel!	
Verkäufer 1:	D'accord!	

1 **On ne speak pas anglais et on ne parle pas deutsch** (ist natürlich ein Witz) – 2 **cher, chère** teuer – 3 **une blague** [ynblag] ein Witz – 4 **Ouagadougou** [uagadugu] afrikanische Stadt, berühmt für ihr Gold – 5 **comme** [kɔm] (hier) wie – 6 **vraiment** [vʀɛmɑ̃] wirklich

Klettbuch 523180 En scène!

		Er gibt ihm die Eiffeltürme, der andere zahlt. Sie gehen auseinander und verkaufen weiter in der Schlange.
		Ein Polizist kommt. Er hat das Geschäft der beiden Männer beobachtet.
Polizist:	Vos papiers[7], s'il vous plaît. Vous avez une autorisation[8]?	*Etwas misstrauisch.*
Verkäufer 1:	Oui, oui, monsieur. Voilà.	*Zeigt seine Papiere.*
Polizist:	C'est parfait. Qu'est-ce que vous vendez?	*Gibt die Papiere zurück, Stimmung entspannt sich.*
Verkäufer 1:	Euh, des tours Eiffel, monsieur!	
Polizist:	Ah oui? Elles sont jolies! Elles sont en quoi?	*Zeigt sich interessiert.*
Verkäufer 1:	Euh, je ne sais pas.	
Polizist:	C'est combien, la tour Eiffel, là?	
Verkäufer 1:	C'est cinq euros, monsieur.	
Polizist:	Mais elle est en quoi? Elle est très jolie.	
Deutsche Frau:	Elle est – wie sagt man schon? – en or, oui, elle est en or, monsieur! Elle est jolie, non?	*Mischt sich in das Gespräch ein und zeigt den gerade eingekauften Eiffelturm.*
Verkäufer 1:	Non, non, elle n'est pas en or!	*Gerät in Panik.*
Deutsche Frau:	Was, nicht aus Gold?	*Ärgert sich.*
Deutscher Mann:	Ärgere dich doch nicht. Bei diesem Preis kann man sowieso kein Gold erwarten.	*Gelassen.*
Deutsche Frau:	Wieso, kein Gold! Ich will ihn nicht mehr! Je veux mes deux euros cinquante!	*Zu ihrem Mann.* *Zum Verkäufer.*
Verkäufer 1:	Euh, oui, madame.	
Polizist:	En or? Mais si, c'est de l'or! Vous faites du trafic[9]? Venez[10] avec moi, s'il vous plaît.	*Schaut ihn sich an, beißt hinein.* *Schaut wieder misstrauisch zum Verkäufer.* *Sie gehen.*
Deutsche Frau:	Er ist doch aus Gold!	*Erfreut.*
Deutscher Mann:	Naja, dann sei froh.	*Gelangweilt.*
Franzose:	Moi, ma tour Eiffel n'est pas en or. Pour quatre euros.	
Französin:	Oui, et l'allemande, deux euros cinquante pour une tour Eiffel «en or». Tu n'as pas de chance!	*Kichert.*

7 **les papiers** [lepapje] die Papiere – 8 **une autorisation** [ynotɔʀizasjɔ̃] eine Genehmigung – 9 **le trafic** [lətʀafik] der Schwarzhandel – 10 **venez** [vəne] kommen Sie

REPAS DE FAMILLE

Band 2, nach Lektion 3 A
7 Akteure, 2 Sprecher
ca. 6–7 Stunden
ca. 17–20 Minuten

1 Inhalt

Die Familie Gallet trifft sich zu einem gemeinsamen Abendessen / Familienfest bei Mamie und Papi. Die beiden laden ihren Sohn Marc mit Ehefrau Samantha und den Enkelkindern Paul und Virginie ein. Pauls Austauschschüler, Ralf, ist auch dabei.
In dieser Familie scheint alles wunderbar in Ordnung zu sein und alle verstehen und lieben sich.
Jedoch als Mamie und Papi über Marc sprechen, bemerkt man, dass in Bezug auf Karriere und Erziehung unterschiedliche Ansichten bestehen. Sobald Samantha hinzukommt, spitzt sich die Situation zu, da die Beziehung zwischen Mamie und Samantha offenbar überhaupt nicht harmonisch ist. Es kommt zu diversen Streitgesprächen. Wie wird dieser Abend wohl ausgehen?

2 Rollen

2 Présentateurs (je 1)
Sie führen auf Französisch in die Szene ein.
Mamie (3)
Mamie ist eine typische französische Oma. Sie wirkt liebevoll und ruhig. Die Beziehung zu ihrem Mann und ihrer Schwiegertochter Samantha ist aber angespannt. Sie hat einen Mutter-Sohn-Komplex und liebt ihre Enkelin abgöttisch.
Papi (3)
Papi ist ein sehr freundlicher Mann. Er mag seine Schwiegertochter und ist zu seinen Enkelkindern ein richtig netter Opa.
Samantha (1)
Samantha hat ein liebevolles Verhältnis zu ihrem Schwiegervater und eine distanzierte, angespannte Beziehung zu ihrer Schwiegermutter.
Marc (1)
Marc, der Sohn, ist ruhig. Er mag keinen Streit und versucht immer Frieden zu stiften.
Virginie (1)
Tochter von Samantha und Marc wird von ihrer Oma abgöttisch geliebt. Sie streitet gern mit ihrem Bruder.
Paul (1)
Paul ist der Sohn von Samantha und Marc. Er ist eifersüchtig, weil seine Schwester, Virginie, Omas Lieblingsenkelkind ist. Deshalb streiten die beiden.
Ralf (1)
Der deutsche Austauschpartner ist eher schüchtern und hat etwas Angst bei diesem Familienfest dabei zu sein.

Wie sehr oft in französischen Familien siezen die Schwiegereltern die Schwiegertochter und umgekehrt, sprechen sich aber mit Vornamen an, was eine freundliche und respektvolle Verbindung zueinander ausdrückt. Enkelkinder und Großeltern duzen sich immer.

3 Bühnenbild und Requisiten

Bühnenbild
Typisches französisches Esszimmer mit Tisch, Stühlen, Anrichte, evtl. Serviertisch, Bild an der Wand, Wanduhr.
Als Wandbild eignen sich Fotos der Familie und/oder ein Bild einer französischen Stadt oder Landschaft (z. B. Luftbild von Paris mit Eiffelturm, Lavendelfelder in der Provence). Auf alle Fälle etwas, das an Frankreich erinnert.
Papi und Mamie decken den Tisch auf französische Art. Teller und Besteck werden vom Serviertisch oder der Anrichte genommen und auf den Esstisch gestellt. Die Servietten kommen aus der Schublade der Anrichte und werden gerollt auf die Teller gelegt.
Daneben genügend Platz für Begrüßungsszene im Flur.

Requisiten
- Alle sind schick gekleidet (Oma, Samantha, Virginie mit Rock; Marc und Opa im Anzug bzw. mit Jacket).
- Für den Tisch benötigt man 7-mal: Teller, Suppenteller, Messer, Gabeln, kleine Löffel, Suppenlöffel, Servietten, kleine Weingläser, große Wassergläser. Außerdem eine Weinflasche, einen Brotkorb, einen Wasserkrug. Evtl. Kerzen, Blumen und eine weiße Tischdecke.

Gedeckter Tisch „à la française":
Suppenteller steht in dem flachen Teller.
Messer rechts mit Schneideseite nach innen.
Suppenlöffel außen rechts, umgedreht.
Gabel links, umgedreht.
Kleine Löffel hinter dem Teller, nach links gedreht.
Weinglas links hinter dem Teller.
Wasserglas rechts hinter dem Teller.
Serviette auf dem Teller.

4 Spielhinweise

Besonderer Wert ist auf die zwischenmenschlichen Beziehungen zu legen.
Mamie ist übertrieben liebevoll zu Marc und Virginie, dafür sehr distanziert zu Samantha.
Papi und Marc mögen keinen Streit und versuchen ihn zu schlichten.
Die Kinder sind relativ jung und streiten kindgemäß.

Die raschen Stimmungswechsel müssen gut realisiert werden. Von einer Sekunde auf die andere kann eine freundliche in eine aggressionsgeladene Stimmung umschlagen.

5 Sprachliche Vorbereitungen (Kopiervorlage)

1. Regardez le dessin de la famille Gallet, puis trouvez les traductions.

La famille Gallet

Les grands-parents

Les parents

Les petits-enfants

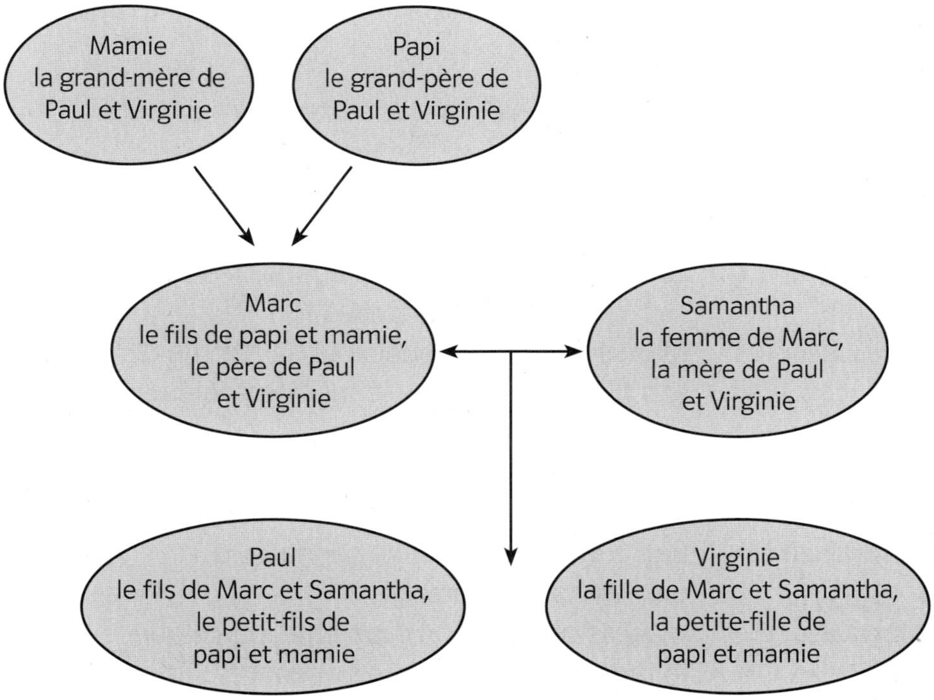

les petits-enfants •	• die Mutter
le fils •	• der Enkel
la petite-fille •	• die Enkelkinder
la mère •	• die Enkelin
le petit-fils •	• der Sohn

2. Lisez le texte et apprenez le vocabulaire nouveau.

Papi raconte:
Marc, c'est mon *fils préféré*. Il est très *gentil*. C'est un *artiste*, mais ma femme l'a envoyé dans une *école de commerce*! Bon, d'accord, maintenant il travaille dans une *banque*, il a un bon métier et il *a de l'argent*.
Mais c'est un artiste! Un jour, il a fait un *feu d'artifice* dans la cuisine! Génial! On a téléphoné aux *pompiers*.
Bof, c'est *seulement* une petite *bêtise*.

3. Vrai ou faux? Notez.

	Vrai	Faux
Papi aime beaucoup son fils.		
Mamie a envoyé Marc dans une école de commerce.		
Marc travaille comme artiste.		
Marc a fait la cuisine et on a téléphoné aux pompiers.		

un fils préféré [ɛ̃fispʀefeʀe] ein Lieblingssohn – **gentil, gentille** [ʒɑ̃ti, ʒɑ̃tij] nett, lieb – **un artiste** [ɛ̃naʀtist] ein Künstler – **une école de commerce** [ynekɔldəkɔmɛʀs] eine Handelsschule – **une banque** [ynbɑ̃k] eine Bank – **avoir de l'argent** [avwaʀdəlaʀʒɑ̃] Geld haben – **un feu d'artifice** [ɛ̃fødaʀtifis] ein Feuerwerk – **les pompiers** [lepɔ̃pje] die Feuerwehr – **seulement** [sœlmɑ̃] nur – **une bêtise** [ynbetiz] eine Dummheit

Klettbuch 523180 En scène!

REPAS DE FAMILLE

Herr und Frau Gallet, ein älteres Ehepaar, decken den Tisch für sieben Personen.

Présentateur 1: Ce soir, monsieur et madame Gallet invitent leur fils Marc et sa famille.

Présentateur 2: Marc a une femme, Samantha, et deux enfants, Paul et Virginie.

Présentateur 1: La famille Gallet est une famille très sympa. Ils n'ont jamais de disputes[1]!

Présentateur 2: Mamie n'aime pas beaucoup la femme de son fils. C'est toujours le même problème: Elle a pris[2] son fils!

Présentateur 1: Et aujourd'hui, il y a Ralf, le correspondant allemand de Paul.

Présentateur 2: Ralf a un peu peur: il ne connaît pas les grands-parents.

Présentateur 1: Mais ce n'est pas un problème, parce que la famille Gallet est très sympa.

Sie gehen von der Bühne.

Mamie: *Sehr glücklich.* Je suis très contente: Je vais voir mes enfants et mes petits-enfants aujourd'hui!

Papi: Oui, moi aussi. Notre famille est sympa, tu ne trouves pas?

Mamie: Oh, oui! Nous n'avons jamais eu de disputes dans la famille. Chez nous, tout va bien.

Papi: Oui, c'est vrai, nous n'avons pas de problèmes dans notre famille!

Mamie: Oui, c'est le paradis! *Sie gibt ihm einen Wangenkuss.* Mon fils est très gentil, et puis il a un très bon travail dans une banque.

Papi: *Etwas angegriffen.* Comment «ton fils»? C'est aussi mon fils, non?

Mamie: *Vorwurfsvoll.* Ton fils, ah, oui! C'est aussi ton fils, Marc! Quand il fait des bêtises, c'est ton fils!

Papi: *Ungläubig.* Des bêtises? Mon fils? Eh!

Mamie: *Etwas außer sich.* Mais oui, quand il a fait un feu d'artifice dans la cuisine! J'ai téléphoné aux pompiers à minuit! Là, c'est ton fils!

Papi: *Freut sich, als er sich daran erinnert.* Ah, ah, oui! C'est un bon souvenir! Ah, ah! On a bien rigolé!

Mamie: *Entrüstet.* Rigolé? Moi, je n'ai pas rigolé! Ma cuisine! J'ai fait la cuisine à la salle de bains pendant trois mois!

1 **une dispute** [yndispyt] ein Streit – 2 **elle a pris son fils** *hier:* sie hat ihren Sohn weggenommen

Papi:	Mais tu ne comprends pas: Marc, c'est un artiste. Toi, tu l'as mis dans une école de commerce, mais c'est un artiste.	
	Maintenant, il travaille dans une banque. Pfff! Le pauvre[3]!	*Abwertend,* *bedauernd.*
Mamie:	Quoi? Mais oui, il est dans une banque, il a de l'argent, une femme très gentille	*Etwas verärgert.*
	et des enfants qui travaillent bien à l'école! Il peut me dire merci!	*Es klingelt.* *Sie beruhigen sich wieder.*
		Sie gehen vom Tisch weg in Richtung Flur/Tür. Dort findet die folgende Begrüßungsszene statt.
Mamie:	Bonjour, mon petit Marc, tu vas bien?	*Freundlich. Sie küsst ihren Sohn.*
Marc:	Oui, ça va bien, maman.	
Papi:	Bonjour, Samantha! Vous allez bien?	*Er küsst seine Schwiegertochter, etwas zu betont. Sehr charmant.*
Samantha:	Oui, merci! Vous êtes toujours aussi charmant, papi!	
Mamie:	Papi, je te vois!	*Sie hat ihren Mann beobachtet. Sie findet es gar nicht gut, dass er so nett zu seiner Schwiegertochter ist.*
Papi:	Euh, oui. Et vous les enfants, comment ça va? Bonjour Paul, bonjour Virginie.	*Als ob er nichts gehört hätte.*
Paul:	Bonjour, papi, tiens, voici Ralf, c'est mon correspondant allemand. Il vient de Stuttgart.	
Papi:	Bonjour Ralf! Tu parles un peu français? Parce que, moi, je ne sais pas parler allemand! Je sais «Kartoffel» et «bitte schön»!	*Sehr freundlich.*
Ralf:	Je parle un peu, monsieur!	
Papi:	C'est où Stuttgart? C'est près de Berlin?	
Ralf:	Pardon?	
Paul:	Ist Stuttgart in der Nähe von Berlin?	
Ralf:	Non, non, c'est près de la France, près de Strasbourg!	
Mamie:	Bonjour, les enfants, bonjour, Ralf!	*Sie meidet die Schwiegertochter.*
Samantha:	Bonsoir, mamie, vous allez bien?	*Sie küsst die unwillige Oma.*
Mamie:	Bonsoir, ma chérie. Vous allez bien?	*Vorwurfsvoll.*
	Moi, je ne vais pas très bien.	*Voller Selbstmitleid.*
Samantha:	Ah bon? Oh, ma pauvre! Qu'est-ce qu'il y a!	*Mit Mitgefühl.*
Mamie:	C'est mon fils, je ne le vois pas souvent …	*Betretenes Schweigen.*
Marc:	Maman, tu ne vas pas commencer, s'il te plaît! Je viens te voir toutes les semaines[4].	*Versucht einen Streit zu verhindern.*
Papi:	Oui, bon. Entrez, s'il vous plaît!	
		Alle gehen ins Esszimmer, wo der gedeckte Tisch steht.

3 **le pauvre** [ləpovʀ] der Arme – 4 **une semaine** [ynsəmɛn] eine Woche

Ralf:	Was ist da los? Ist etwas nicht in Ordnung?	*Zu Paul, leise.*
Paul:	Keine Sorge. Meine Oma ist immer so zu meiner Mama.	*Mit französischem Akzent.*
Mamie:	Bon, Marc, mon chéri, tu te mets là, près de moi.	*Zuckersüß.*
Virginie:	Je peux me mettre près de toi, mamie?	
Mamie:	Mais bien sûr, ma chérie, tu es ma petite-fille préférée!	*Wieder zuckersüß.*
Papi:	C'est facile, elle a seulement une petite-fille.	*Zu Samantha.*
Samantha:	Papi, vous êtes très drôle, je vous aime beaucoup!	*Legt freundlich ihre Hand auf den Arm vom Opa.*
Mamie:	Papi! Attention! Je te vois!	*Hat das Gespräch zwischen Opa und Samantha beobachtet. Sie mag das nicht.*
Paul:	Non, moi, je veux être à côté de mamie!	*Paul und Virginie beginnen einen Streit.*
Virginie:	Non, c'est moi sa petite-fille préférée!	
Marc:	Arrêtez, les enfants!	*Beruhigt die Kinder.*
Papi:	Allez, tout le monde à table.	*Bittet alle zu Tisch. Sie setzen sich. Tischordnung: Sie sitzen alle in einer Reihe. Sitzordnung von links nach rechts: Ralf, Paul, Virginie, Oma, Opa, Samantha, Marc.*
Mamie:	Mes enfants, je veux vous dire que je suis très contente. Nous sommes une famille très unie[5]. C'est très bien. Nous n'avons jamais de disputes.	
Papi:	Et nous avons une surprise pour vous: Nous avons fait un bon repas pour vous.	
Mamie:	Comment, «nous» avons fait? J'ai fait le repas!	*Betont.*
Papi:	D'accord, mais moi, j'ai acheté le gâteau!	
		Ab da müssen sich die drei Diskussionsstränge überlappen, Teile können sich wiederholen, Gesamteindruck sehr chaotisch.
Mamie:	Mais tu n'as rien fait dans la cuisine.	*Rechthaberisch.*
Papi:	Aujourd'hui, tu es pénible[6]! D'abord «ton» fils, maintenant «ton» repas.	*Verärgert. Aufgebracht.*
Mamie:	J'ai fait le repas, tu n'as rien fait.	
Papi:	Je ne fais rien, dans notre maison?	
Mamie:	Ouais! Et puis tu arrêtes de faire des bises à Samantha! Je n'aime pas ça!	*Bestimmt.*
Papi:	Pourquoi? C'est la femme de mon fils et je l'aime bien!	
		Ab da läuft die Diskussion zwischen Papi und Mamie weiter. Die gleichen Floskeln wiederholen sich wie in einem ernsten Streit.

5 **une famille unie** [ynfamijyni] eine Familie mit Zusammenhalt – 6 **pénible** [penibl] schwierig, unerträglich, nervig

Paul:	Virginie, je veux être à côté de mamie!	
Virginie:	C'est moi la petite-fille préférée.	
Paul:	Oui, mais moi, je suis son petit-fils préféré!	
Virginie:	Mamie, elle me donne toujours des cadeaux!	
Paul:	A moi aussi!	
		Ab da läuft die Diskussion zwischen Paul und Virginie weiter. Die gleichen Floskeln wiederholen sich wie in einem ernsten Streit.
Samantha:	Ta mère, je ne peux plus la voir! Elle est pénible!	*Genervt.*
Marc:	Mais, ma chérie, tu as pris son fils! C'est normal! Les mères sont comme ça!	*Frieden suchend.*
Samantha:	Non, ma mère n'est pas comme ça. Elle t'aime bien.	*Betont.*
Marc:	Oui, mais ce n'est pas la même chose. Les mères des fils sont comme ça avec les femmes de leurs fils.	*Versucht die Sache in Ruhe klar zu stellen.*
		Ab da läuft die Diskussion zwischen Marc und Samantha weiter. Die gleichen Floskeln wiederholen sich wie in einem ernsten Streit. *Plötzlich klingelt das Handy von Ralf. Es wird absolut still, alle schauen Ralf an.*
Ralf:	Ja, Mama? ... Ja, ich bin bei den Großeltern von Paul ... Ja, es ist hier sehr schön, sie streiten nie ... sie sind alle so freundlich zueinander ...	*Greift zum Handy.*
	O.K., ich muss jetzt auflegen, wir essen gleich.	*Legt wieder auf.*
Mamie:	Je suis très contente, mes enfants!	*Die Stimmung ändert sich.*
Papi:	Oui, mangeons! Bon appétit[7]!	*Als ob nichts gewesen wäre. Sie fangen an zu essen.*

7 **Bon appétit!** [bɔnapeti] Guten Appetit!

PÉTITIONS!

Band 2, nach Lektion 4
9 Akteure, 2 Sprecher, Passanten, 2 Begleitpersonen des Bürgermeisters
ca. 6 Stunden
ca. 17 Minuten

1 Inhalt

Auf dem Markt bauen zwei Gruppen Stände auf, um Unterschriften zu sammeln. Es ist ein schöner Tag und alle sind gut gelaunt. Die zwei Gruppen wissen zwar nicht, für was die anderen genau Unterschriften sammeln, aber alle sind freundlich zueinander und reichen der anderen Gruppe Kekse und Kaffee.
Als beide Gruppen bemerken, dass ihre Projekte konträr sind (Jagd: eine Gruppe pro, eine Gruppe kontra), wird die Situation kritisch: Wie sollen sie sich verhalten?
Die Ankunft des Bürgermeisters sorgt für Aufregung.
Welche Petition wird er unterschreiben?
Was da aber geschieht, ist eher unerwartet.

2 Rollen

2 Présentateurs (1)
Sie führen auf Französisch in die Szene ein.
Gruppe A (bestehend aus vier Schauspielern)
- **A1** (2), **A2** (3), **A3** (3), **A4** (1)
  Sie sind Naturfreunde und gegen die Jagd. Sie müssen eher wie „Ökofreaks" aussehen (Naturfasern, T-Shirt gegen Atomstrom usw.).

Gruppe B (bestehend aus vier Schauspielern)
- **B1** (2), **B2** (3), **B3** (2), **B4** (1)
  Sie sind für die Jagd. Jäger- oder Militärlook wäre gut.

Bürgermeister (2)
Sehr freundlich, möchte sich aber von keiner Partei vereinnahmen lassen.
2 Begleiter des Bürgermeisters (0)
Mit Anzug und Krawatte gekleidet, gehorsam, diskret, machen Notizen.
Passanten (0)
Sie gehen an den Ständen entlang, mal interessiert, mal nicht. Nehmen Broschüren mit, lesen die Plakate oder die Bücher.

3 Bühnenbild und Requisiten

Bühnenbild
Da die Szene auf dem Markt stattfindet, sollte im Hintergrund eine französische Straßenkulisse auf die ausgeklappte Tafel gezeichnet werden. Eine Gestaltungsidee für die Häuserfront und ein französisches Straßenschild findet man in Découvertes 1 auf Seite 33.
Die Aufstellung der Tische erfolgt gemäß Bühnenplan (siehe nächste Seite) möglichst weit auseinander.

Requisiten
Die zwei Gruppen kommen mit den ganzen Requisiten und bauen die Stände auf.

- Jede Gruppe braucht:
  Campingtisch, 4 Klappstühle, Bücher, Broschüren, Blätter für die Unterschriften, Kugelschreiber.
- Für die Gruppe A:
  Plakat (soll vorne an den Tisch geklebt werden) mit «Sauvez les animaux! Non à la chasse!», Biokekse, Glasbecher.
- Für die Gruppe B:
  Plakat mit «Sauvez la chasse! Non aux écolos!», Thermoskanne mit Kaffee, Plastikbecher.
- Der Bürgermeister trägt eine „écharpe tricolore". Eine „écharpe tricolore" tragen französische Amtsträger bei offiziellen Anlässen (In unserem Fall - Besuch auf dem Markt - würde der Bürgermeister keine „écharpe tricolore" tragen. Für das Theaterstück ist dieser Auftritt aber wirkungsvoller.). Es ist ein langes Stück Stoff (oder für die Szene ein Papierstreifen) mit den drei Farben (blau, weiß, rot), ungefähr 5 cm breit, das über die linke Schulter hängt und auf der rechten Hüfte geschnürt ist.
- Die Begleiter des Bürgermeisters mit Anzug und Krawatte folgen ihm diskret mit Notizblock.

4 Spielhinweise

Die ganze Stimmung muss locker und freundlich sein. Die Erkenntnis, dass die Anderen für etwas Konträres werben, erweckt mehr Erstaunen als Ärger („Wie kann man nur?").

Bitte unbedingt den Bühnenplan beachten.
Als A2 der anderen Gruppe Kekse anbietet, muss er von hinten kommen und vorne zurückgehen, damit er das Plakat erst beim Weggehen sieht (siehe Bühnenplan).

Bühnenplan

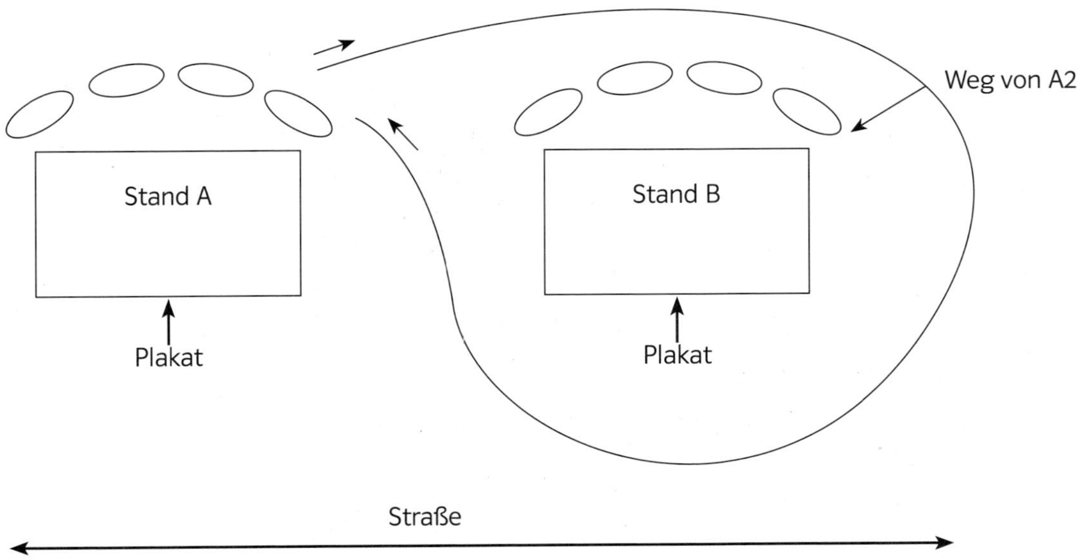

5 Sprachliche Vorbereitungen

Comment préparer une pétition?

Pour faire une pétition, vous installez d'abord un stand sur la place du marché. Ensuite, vous montrez vos affiches et vos brochures. Puis vous parlez aux gens et vous faites signer votre pétition. Après, vous comptez les signatures et vous envoyez les résultats au maire.

Lisez le texte en français, puis cherchez la traduction. Remettez les phrases dans l'ordre.

A Um eine Petition einzureichen,

F Danach zeigt ihr eure Plakate und Broschüren.

H Danach zählt ihr die Unterschriften

E und schickt dem Bürgermeister die Ergebnisse.

F baut ihr einen Stand auf dem Marktplatz auf.

C und ihr lasst eure Petition unterschreiben.

I Dann sprecht ihr mit den Leuten

Lösungswort: | | | | | | | |

Traduisez.

une pétition [ynpetisjɔ̃] ______________________

installer [ɛ̃stale] ______________________

un stand [ɛ̃stɑ̃d] ______________________

un marché [ɛ̃maʀʃe] ______________________

une brochure [ynbʀɔʃyʀ] ______________________

faire signer [fɛʀsiɲe] ______________________

une signature [ynsiɲatyʀ] ______________________

un résultat [ɛ̃ʀezylta] ______________________

PÉTITIONS!

Présentateur 1:	Les pétitions, c'est super. On installe un stand dans une rue, un jour de marché, on parle aux gens et on leur demande de signer une pétition.	
Présentateur 2:	Quand on a fini, on envoie la pétition au maire[1] du village. Et puis, souvent, on n'en parle plus jamais. C'est très sympa, les pétitions. On passe une journée avec des copains et des copines, on discute avec les gens et on boit du café.	*Ironisch.*
Présentateur 1:	Aujourd'hui, dans la rue, il y a deux stands et deux groupes qui font signer des pétitions. Regardez …	
		Beide Sprecher gehen. Zwei Gruppen (A und B) von je vier Personen (A1, A2, A3, A4, B1 usw.) bauen zwei Stände nebeneinander auf der Straße auf. Gruppe A kommt von links und baut links auf. Gruppe B kommt von rechts und baut rechts auf. Zuerst Campingtisch und Klappstühle (oder Ähnliches). Danach Infoblätter, Bücher auf die Tische usw. Noch <u>keine</u> Plakate.
A 1:	C'est super, il fait beau, aujourd'hui. Je pense qu'on va avoir beaucoup de gens pour notre pétition!	*Zur Gruppe A.*
A 2:	Oui, c'est sûr! Vous avez les pétitions?	
A 3:	Oui, les voilà.	
A 2:	Et les brochures d'information?	
A 4:	Tiens, elles sont là.	
A 3:	Vous avez vu? Il y a un autre stand, à côté.	*Zeigt mit dem Kopf zur Gruppe B.*
A 2:	Oui, on va leur dire bonjour?	
A 1:	Oui, bien sûr. Ce sont des collègues[2]!	
A 4:	Vous pensez qu'ils font aussi signer une pétition?	
A 3:	Je ne sais pas. Attendez, je vais leur dire bonjour et je vais leur demander.	
A 3:	Salut! Vous allez bien?	*Geht zur Gruppe B.*
B 1:	Oui, merci, et vous aussi?	*Sehr freundlich.*
A 3:	Oui. Alors? Vous faites signer une pétition, vous aussi?	
B 2:	Oui, on veut des signatures!	
A 3:	Ah? C'est une pétition sur quoi?	
B 2:	C'est une pétition sur la chasse[3]!	

1 **un maire** [ɛ̃mɛʀ] ein Bürgermeister – 2 **un collègue** [ɛ̃kɔlɛg] ein Kollege – 3 **la chasse** [laʃas] die Jagd

A 3:	Ah? Super! Nous aussi, nous faisons une pétition sur la chasse.	
B 3:	Ah! C'est très bien! C'est important, vous ne trouvez pas?	
A 3:	Oui, bien sûr! Beaucoup de gens doivent signer notre pétition!	
B 4:	Eh bien, nous, on va vous envoyer les gens qui ont signé chez nous!	
A 3:	Super! Nous aussi, nous allons dire aux gens d'aller chez vous. Allez, salut, bonne journée!	
Gruppe B:	Salut! / À tout à l'heure! / Bonne journée! / À bientôt!	*Alle.*
A 3:	J'ai vu le stand à côté. C'est sympa, ils font aussi une pétition sur la chasse.	*Kommt zurück an seinen Stand.*
A 1:	Ah! Je suis très content! Les gens ont compris que le problème de la chasse, c'est important!	
A 2:	Et leur pétition, c'est quoi?	
A 3:	Je ne sais pas, je ne leur ai pas demandé. C'est sur la chasse.	
A 4:	Bon allez, on continue à monter notre stand?	
A 3:	D'accord. Ah, ils vont nous envoyer des gens pour signer notre pétition.	
A 2:	Alors nous aussi, on va leur envoyer les gens qui trouvent que la chasse, c'est un problème important.	
Gruppe A:		*Baut weiter ihren Stand auf.*
B 1:	Ils sont sympa, les jeunes, à côté.	
B 2:	Oui, ils savent que la chasse, c'est important.	
B 3:	Les jeunes, aujourd'hui, ils sont trop écolos[4].	
B 4:	C'est vrai! La nature, la nature, ils ne pensent qu'à ça.	
B 1:	Oui, mais nous aussi, on aime la nature.	
B 3:	Et les animaux!	
Gruppe B:		*Lacht.*
B 2:	Tiens, j'ai le café. On fait une pause-café[5].	
B 3:	Bien sûr!	
B 2:		*Verteilt Kaffeebecher und schenkt Kaffee aus.*
B 1:	Tu veux donner du café à nos voisins?	
B 2:	Bonne idée! Nous avons beaucoup de café.	*Geht zum anderen Stand mit Thermoskanne.*
B 2:	Salut! Vous voulez un petit café?	
A 3:	Salut! Ah, c'est sympa, oui, merci!	
Gruppe A:	Merci. / Oui, volontiers[6]. / C'est sympa.	*Alle antworten. B 2 schenkt Kaffee aus.*
B 2:	Allez, je vais aider mes copains. À tout à l'heure!	
Gruppe A:	À tout à l'heure! / Merci!	*Alle.*

4 **écolo** [ekɔlo] *pej.* umweltfreundlich – 5 **la pause-café** [lapozkafe] die Kaffeepause – 6 **volontiers** [vɔlɔ̃tje] gern

		Gruppe A und B sind fast fertig mit dem Aufstellen.
A 2:	Bon, et où est notre affiche?	
A 3:	La voilà!	
A 2:		*Rollt Plakat aus und klebt es vorne an den Klapptisch. Zu lesen ist «Sauvez[7] les animaux! Non à la chasse!»*
A 1:		*Geht vor den Tisch und schaut sich den Stand an.*
A 1:	Très bien! Les gens vont aimer. Nous allons avoir beaucoup de signatures!	
B 4:	Et l'affiche? Où est notre affiche? C'est important l'affiche!	
B 3:	Oui, bien sûr. Attends. Tiens!	*Überreicht ihm die Rolle.*
B 4:		*Klebt das Plakat vorne an den Klapptisch. Zu lesen ist «Sauvez la chasse! Non aux écolos!»*
B 1:	Très bien! Nous allons avoir beaucoup de signatures!	*Schaut sich den Stand an.*
Gruppe B:		*Sitzt und wartet jetzt auf Passanten.*
A 2:	Tiens, j'ai des petits gâteaux[8]. Qui veut des gâteaux?	*Verteilt Kekse in Gruppe A.*
A 3:	Ils sont super bons. Ils viennent d'où?	
A 4:	Ils viennent du magasin bio[9] de la rue Dumont.	
A 1:	Tu vas voir nos voisins et tu leur donnes des gâteaux?	
A 2:	D'accord. Je vais leur donner des gâteaux.	*Geht zum Stand B. Da die Tische nebeneinander stehen, geht er von hinten an den Stand und sieht dabei das Plakat nicht.*
	Salut! Vous avez envie d'un petit gâteau.	
B 2:	Euh, oui, merci. Qu'est-ce que c'est?	*Schaut sich die eindeutige Bio-Verpackung mit Zweifel an.*
A 2:	Ce sont des gâteaux bio du magasin de la rue Dumont.	
B 1:	Ah? C'est le magasin écolo, non?	*Fragend, etwas skeptisch.*
A 2:	Oui, c'est super, dans tout le magasin, il n'y a que des choses bio.	*Begeistert.*
B 3:	Oui, je ne vais jamais dans ce magasin.	*Abweisend.*
A 2:	Un petit gâteau?	
B 4:	Euh, non, merci, je n'ai pas très faim.	*Ausrede suchend.*
B 1:	C'est très gentil, merci, mais non, je n'aime pas trop les choses bio.	
B 3:	Moi, je prends un gâteau. Merci!	*Er nimmt ihn, legt ihn aber demonstrativ auf den Tisch.*
B 2:	Non, merci, je n'ai pas faim!	*Ablehnend.*

7 **sauver** [sove] retten – 8 **des petits gâteaux** [depətigato] Kekse – 9 **un magasin bio** [ɛ̃magazɛ̃bio] ein Bioladen

A 2:	Ah, bon. Eh bien, à tout à l'heure!	
		A 2 will an seinen Stand zurück. Er geht anders herum und geht vorne am Tisch von B vorbei. Dabei sieht er das Plakat. Er ist entsetzt und geht schnell zur Gruppe A. Er berichtet über den Inhalt des Plakats flüsternd.
Gruppe A:		*Danach gehen alle von der Gruppe A nacheinander vor den Stand B, um das Plakat zu sehen und kommen entsetzt zurück.*
Gruppe B:		*Die Gruppe B schaut sich staunend die Szene an.*
B 3:	Mais qu'est-ce qu'ils ont?	*Völlig erstaunt.*
B 2:	Oui, ils sont bizarres.	
B 1:	C'est vrai, ils font signer une pétition sur la chasse, mais qu'est-ce qu'ils veulent?	
B 4:	Attendez, je vais voir!	
		B 4 geht vor den Stand A. Er sieht das Plakat. Er ist entsetzt und geht schnell zur Gruppe B zurück. Er berichtet über den Inhalt des Plakats flüsternd.
Gruppe B:		*Danach gehen alle von der Gruppe B nacheinander vor den Stand A, um das Plakat zu sehen und kommen entsetzt zurück. Plötzlich kommt der Bürgermeister (erkennbar mit écharpe tricolore), begleitet von zwei Personen, mit Schreibunterlagen.*
Le maire:	Bonjour, ah, vous avez une pétition? Qu'est-ce que c'est?	*Spricht Gruppe B an.*
B 1:	C'est une pétition POUR la chasse, monsieur le maire. Demain, on va vous envoyer le résultat!	*Betont.*
Le maire:	Mais oui, je signe votre pétition. Je soutiens[10] tous les groupes de notre village!	*Unterschreibt.* *Gruppe A schaut entsetzt zu.*
	Allez, bonne chance. Je vais voir les autres groupes, maintenant. Au revoir!	
Gruppe B:	Au revoir! / Au revoir, monsieur le maire!	*Alle.*
		Bürgermeister geht zum Stand A.
A 1:	Bonjour, monsieur le maire!	
Le maire:	Bonjour, les jeunes! Et vous, c'est une pétition pour quoi?	*Freundlich.*
A 1:	C'est une pétition CONTRE la chasse!	*Betont.*
Le maire:	Ah? Oui ...	*Etwas verlegen.*
	C'est vrai. Mais je soutiens tous les groupes de notre village!	*Plötzlich sicher.*

10 **je soutiens (soutenir)** [ʒəsutjɛ̃ (sutəniʀ)] ich unterstütze

Klettbuch 523180 En scène!

A 3:	Vous pouvez signer là!	*Bürgermeister unterschreibt. Gruppe B schaut entsetzt zu.*
A 2:	Merci, monsieur le maire. Demain, on va vous envoyer le résultat!	*Freundlich, fröhlich.*
Le maire:	Oui, oui, je vais regarder vos pétitions, demain. Allez, au revoir!	
Gruppe A:	Au revoir, monsieur le maire.	*Alle.*
Le maire:	Ah, c'est toujours la même chose! Les gens ne sont jamais contents. Dans ma famille, mon fils est écolo, il est contre la chasse, et ma fille est pour la chasse!	*Spricht mit seiner Begleitung.*
		Er geht mit seiner Begleitung weg.
		Die zwei Gruppen sehen sich gegenseitig etwas misstrauisch an. Sie flüstern miteinander. Alle nicken und werden wieder freundlich.
B 2:	Un petit café?	*Vom Stand B zum Stand A.*
A 2:	Volontiers. Et vous? Un petit gâteau?	*Vom Stand A zum B.*
B 2:	Volontiers! Si tout le monde signe les deux pétitions, comme le maire, tout va bien!	

Klettbuch 523180 En scène!

L'AMI DE TOUJOURS

Band 2, nach Lektion 7
5 Akteure, 2 Sprecher, Gäste, Diener
ca. 8 Stunden
ca. 20 Minuten

1 Inhalt

Die Familien von Grace und Tony sind Nachbarn in Nizza. Grace und Tony kennen sich seit ihrer Kindheit und sind heute ineinander verliebt. Tony ist Musiker, spielt Gitarre und singt. Der Vater von Grace ist Agent und verkehrt mit berühmten Leuten des Showbusiness.
Leider hält Graces Vater nichts von Tony und auch nichts von der Zuneigung der beiden. Er möchte einen berühmten Mann für seine Tochter. Zu seiner sehr mondänen Party hat er den bekannten amerikanischen Schauspieler Johnny Di Napoli eingeladen. Er möchte, dass Johnny seiner Tochter begegnet und sich daraus evtl. eine Beziehung ergibt.
Als Grace den Garten der Villa Johnny zeigt, stellt sie fest, dass Johnny schon verlobt ist und bald heiraten wird. Erlöst legt Grace ein Wort für Tony ein, der gerne Karriere im Musikgeschäft machen würde. Seinerseits sucht Johnny einen alten Freund, der, wie Tony, in Paris studiert hat und in Nizza lebt. Ohne Zustimmung von Graces Vater lädt Johnny Tony ein, um ihn kennen zu lernen.

2 Rollen

2 Présentateurs (2)
Sie führen auf Französisch in die Szene ein.
Tony (3)
Tony ist in Grace verliebt und ist Musiker. Der Vater von Grace lehnt ihn aber ab.
Grace (3)
Sie ist jung, in Tony verliebt und sehr besorgt, weil ihr Vater Tony ablehnt und sie mit dem Schauspieler Johnny Di Napoli verkuppeln möchte.
Der Vater (3)
Er ist sehr autoritär und bestimmend. Alles muss laufen, wie er es will. Als erfolgreicher und geschäftstüchtiger Agent im Showbusiness verfügt er über viel Geld und Macht.
Die Mutter (2)
Sie unterstützt Grace und möchte nur, dass ihre Tochter glücklich wird. Sie kann die Idee ihres Mannes nicht nachvollziehen.
Johnny (3)
Er ist ein junger, attraktiver, berühmter, amerikanischer Filmschauspieler. Die Einladung von Graces Vater hat er nur angenommen, weil er einen alten Freund sucht, der in Nizza lebt. Er findet Grace sehr nett und sie rettet ihn vor dem langweiligen Abend.
Gäste (0-1)
Unbestimmte Anzahl an Gästen, festlich gekleidet, auf der Party in der Empfangshalle führen undeutliche Smalltalks.
3-4 Diener (0)
In weiß gekleidet servieren sie Getränke und Partyhappen.

3 Bühnenbild und Requisiten

Bühnenbild
Die Szene ist in drei kurze Akte geteilt, die teilweise im Garten und teilweise im Empfangssaal stattfinden.
Es ist ratsam, das Bühnenbild so ökonomisch wie möglich zu gestalten, um aufwändige Wechsel zu vermeiden.
Garten und Empfangssaal können mit einem Schild angedeutet werden.
Den Garten symbolisieren zusätzlich einige Topfpflanzen.
Der Zaun zu Tonys Haus kann durch Schulbänke oder eine Schnurr angedeutet werden.
Der Empfangssaal wird durch die Haltung der Gäste ausreichend angedeutet: Alle sind schick gekleidet, ein Glas oder Partyhappen in der Hand. Ein paar weiß gekleidete Diener servieren Getränke und Partyhappen. Leise Musik vermittelt eine feierliche Stimmung.

Requisiten
Die Requisiten sollten den Anlass Party unterstreichen.

Für die Diener:
Weiße Kleidung mit Fliege
Tabletts mit Sektgläsern, Weingläsern bzw. Wassergläsern mit Wasser (= Sekt), Traubensaft (= Rotwein) etc.
Tabletts mit Partyhappen.

Für die Gäste:
Festliche Kleidung: Frauen in Rock oder Kleid; Männer in Anzug mit Krawatte oder Fliege.

Für Grace:
Für die 1. Szene lässige Kleidung.
Für die 2. und 3. Szene festliches Kleid, Handtasche, Handy.

Für Vater und Mutter von Grace:
Sehr festliche Kleidung.

4 Spielhinweise

Wichtig beim Theaterspiel ist immer, dass man die Eigenschaften und die Gefühle der Figuren etwas karikaturhaft und übertrieben gestaltet, damit sie beim Publikum ankommen.
Grace und Tony sind verliebt, vielleicht etwas naiv und unschuldig. Das ist ihre erste Liebe und sie sind sehr von diesem Gefühl eingenommen. Ihre Blicke sind eindeutig. Auch wenn Grace von Tony spricht, muss ihre Verliebtheit spürbar sein.

Johnny ist sehr natürlich, offen und freundlich. Er hat auch etwas Kindliches an sich, als er Tony gegen den Willen des Vaters einlädt.
Der Vater muss steif und zielstrebig wirken. Er weiß, was er will, und alle müssen gehorchen.
Die Mutter ist sanft und liebevoll.
Die Gäste reden leise auf Französisch miteinander, trinken und essen, was angeboten wird. Evtl. sollten hier kleine Smalltalks vorher eingeübt werden.
Als der Vater Johnny vorstellt, muss man spüren, dass er alle Fäden in der Hand hält und alle reagieren etwas unterwürfig.

L'AMI DE TOUJOURS

Présentateur 1: Ah! L'amour!

Présentateur 2: Quoi, l'amour?

Présentateur 1: C'est toujours la même chose: Ce n'est jamais facile d'être amoureux, il y a toujours un problème!

Présentateur 2: Oui, c'est vrai. Voici une histoire d'amour.

Présentateur 1: Mais elle finit bien, ce n'est pas comme dans Roméo et Juliette!

Présentateur 2: Ici, il y a trois actes.

Présentateur 1: Et ça finit bien. Le premier et le troisième acte sont dans le jardin de Grace, à Nice.

Présentateur 2: Grace est amoureuse de Tony, mais le père de Grace n'est pas d'accord.

Présentateur 1: Le second acte, c'est dans la maison de la famille de Grace.

Présentateur 2: Le père de Grace est imprésario[1], et il y a beaucoup d'invités[2].

Présentateur 1: Mais chut! Voilà Grace et Tony qui arrivent …

Présentateur 2: L'amour, toujours!

Sie gehen von der Bühne.

Scène 1

Grace und Tony im Garten der Villa der Familie von Grace in Nizza.

Tony: Bonjour, mon amour! Tu vas bien, aujourd'hui?

Grace: Pas très bien, Tony. Je me suis disputée avec papa! Mais oublions ça. Et toi, comment tu vas?

Tony: J'ai donné un concert samedi soir dans un café à Nice. Les gens ont beaucoup aimé mes chansons. *Sehr zufrieden.*

Grace: Mais oui, je sais que tu es un vrai musicien, Tony. Un jour tu vas être célèbre[3], tu vas faire des CD et des concerts et tout le monde va vouloir écouter ta musique! Je le sais, Tony. *Voller Vertrauen.*

Tony: Merci Grace. Oui, je pense que ma musique peut plaire, mais c'est difficile d'être célèbre.

Grace: Oui. Tu as envoyé des CD à des imprésarios?

Tony: Bien sûr, mais ils ne répondent jamais. Pour être célèbre, il faut faire des CD, mais pour faire des CD, il faut être célèbre. Les imprésarios veulent surtout gagner de l'argent.

Grace: Ils n'ont pas compris que tu as du talent[4]. *Enttäuscht.*

1 **un imprésario** [ɛ̃nɛ̃pʀesaʀjo] ein Agent – 2 **un invité** [ɛ̃nɛ̃vite] ein Gast – 3 **célèbre** [selɛbʀ] berühmt – 4 **avoir du talent** [avwaʀdytalɑ̃] Talent haben

Tony:	Mais ton père est imprésario. Tu ne peux pas lui parler de moi? Il me connaît un peu.	
Grace:	Oui, il te connaît, mais il ne t'aime pas. Je lui ai parlé de toi. Je me suis disputée avec lui. Aujourd'hui, il organise une grande fête ici. Je vais rencontrer des gens très célèbres, et Johnny Di Napoli va être là aussi.	
Tony:	Johnny Di Napoli? L'acteur américain[5]? Je ne l'ai pas encore vu au cinéma.	*Begeistert.*
Grace:	Ne ris pas, Tony. Mon père dit que Johnny, c'est l'homme de ma vie.	*Sehr ernst.*
Tony:	Ah, ah! Mais non, l'homme de ta vie, c'est moi, Grace!	*Lacht.*
Grace:	Bien sûr, mais mon père croit que ... Tu comprends ... Johnny Di Napoli et moi, c'est son rêve. Oh! Attention! Voilà papa!	*Sehr besorgt.*
Le père:	Grace! Qu'est-ce que tu fais dans le jardin avec Tony! Tony, rentre chez toi. Grace n'est pas une fille pour toi.	*Der Vater kommt, er ist außer sich.*
Grace:	Mais papa, je l'aime!	
Tony:	Oui, monsieur. Je suis amoureux de Grace. Je veux épouser[6] votre fille!	
Le père:	Épouser ma fille? Ah, ah! Eh bien, non, désolé. Moi, je ne veux pas. Allez, rentre chez toi, Tony, je ne t'ai pas invité pour la fête et mes amis vont bientôt arriver ... Et puis, j'ai écouté ton CD. Tu fais de la guitare, mais tu n'as pas de talent.	*Sehr aggressiv.*
		Tony geht, ohne sich von Grace verabschieden zu können.
Le père:	Et toi, Grace, va mettre une robe. La fête va commencer. Tu dois être très jolie, nous recevons Johnny Di Napoli!	
Grace:	Il ne m'intéresse pas! C'est encore un acteur américain qui croit que toutes les filles les aiment! Et bien, moi, non.	
Le père:	Je ne veux plus discuter avec toi, rentre à la maison et va mettre une robe!	
		Grace geht weinend zum Haus. Die Mutter kommt zum Vater.
La mère:	Mais où est-ce que vous êtes? Nos invités commencent à arriver. Où est Grace?	
Le père:	Elle est dans sa chambre, elle met une robe.	
La mère:	Il y a quelque chose qui ne va pas?	
Le père:	Nous nous sommes disputés. Je ne veux plus voir Tony. Il veut épouser Grace!	

5 **américain, e** [ameʀikɛ̃, ɛn] amerikanisch – 6 **épouser** [epuze] heiraten

La mère:	Il veut l'épouser? Ah, bon? Moi, je l'aime bien. Nous le connaissons depuis qu'il est petit!	
Le père:	Il n'a pas de talent, il n'a pas d'avenir!	
La mère:	Ah? Tu l'as déjà entendu? Il joue de la guitare et il chante, non?	
Le père:	Oui, il m'a donné un CD, mais je ne l'ai pas écouté. Je n'aime pas ce garçon.	
La mère:	Bon, allez, viens, maintenant, nous avons nos invités.	*Sie gehen in Richtung Haus.*
	Scène 2	
		Man befindet sich jetzt im Empfangssaal der Villa. Viele Gäste, Hintergrundmusik, Diener servieren Getränke usw.
La mère:	Où est Grace? Elle est encore dans sa chambre?	*Besorgt.*
Le père:	Va la chercher. Johnny Di Napoli va arriver.	*Autorität.*
La mère:	Et alors?	
Le père:	Mais tu es bête? Si Johnny trouve Grace jolie et sympa, peut-être que …	
La mère:	Quoi? Tu veux mettre ta fille dans les bras de Johnny Di Napoli? Mais elle ne va jamais être heureuse[7] avec un acteur américain!	*Entsetzt.*
Le père:	Va chercher Grace.	
		Die Mutter geht Grace holen. Als sie weg ist, erscheint Johnny Di Napoli.
Le père:	Ah bonjour, monsieur Di Napoli! Je suis très heureux de votre visite!	*Grüßt ihn unterwürfig.*
	Silence, silence! Bonsoir, mesdames et messieurs.	*Wendet sich den Gästen zu.*
	Ce soir, nous avons la chance d'avoir avec nous le célèbre acteur américain Johnny Di Napoli!	*Die Gäste hören zu.*
Invités:	Oh! / Ah!	*Alle.*
Le père:	Je vous demande d'applaudir notre invité!	*Gäste klatschen.* *Danach spricht der Vater mit Johnny, die Gäste unterhalten sich.*
Johnny:	Merci de m'avoir invité!	
Le père:	Mais vous parlez français sans accent!	
Johnny:	Oui, j'ai appris le théâtre à New York et à Paris, dans une école de théâtre.	
Le père:	Ah, mais c'est intéressant! Et vous connaissez déjà Nice?	
Johnny:	Oui, j'ai eu un ami à Nice, nous avons travaillé ensemble à l'école de théâtre. Je suis venu une ou deux fois ici.	
Le père:	Et vous avez rencontré votre ami, aujourd'hui?	

7 **heureux, heureuse** [øʀø, øʀøz] glücklich

Johnny: Non, pas encore, je ne sais pas où il habite. C'est pour ça que j'ai dit oui, quand vous m'avez invité. Je vais le chercher demain. Je ne l'ai pas vu depuis cinq ans!

Le père: Ah, mais je vois ma femme et ma fille.

Sieht Grace und ihre Mutter kommen.
Grace und ihre Mutter nähern sich. Grace macht ein grimmiges Gesicht.

Le père: Voici ma femme et ma fille, Grace.

Johnny: Bonjour madame, bonjour, mademoiselle!

Er begrüßt die Damen, die Mutter mit Handkuss.

La mère: Bienvenue à Nice, et chez nous, monsieur Di Napoli.

Johnny: Merci aussi pour l'invitation[8].

Le père: Bon, Grace, nous devons aller voir nos autres invités. Tu peux montrer le jardin à monsieur Di Napoli?

Grace: Ah bon? Mais pourquoi moi? … Bien, vous venez, monsieur?

Johnny: Oh, mais vous pouvez m'appeler Johnny, Grace!

Grace und Johnny gehen.

Scène 3

Grace und Johnny im Garten.

Johnny: C'est très beau ici, avec la mer. Vous avez de la chance d'habiter à Nice!

Grace: Merci. Mais vous avez San Francisco, New York, c'est très beau aussi.

Johnny: J'aime Nice. J'ai un ami ici, mais je ne l'ai pas vu depuis cinq ans. Je vais le chercher demain.

Grace: C'est quelqu'un de Nice?

Johnny: Oui, quand j'étais à Paris, j'ai fait du théâtre avec cet ami. Il fait de la musique. Mais je ne sais pas s'il habite encore ici.

Grace: Mais, euh … je vois que vous portez une alliance[9]. Vous êtes marié[10]?

Johnny: Non, pas encore, je suis fiancé[11]. Je vais épouser Sandy dans un mois, à Las Vegas.

Grace: Ah, ah! Mais c'est très bien!

Lacht, erlöst.

Johnny: Pardon, pourquoi est-ce que vous riez?

Erstaunt.

Grace: Euh … Je ne peux pas vous le dire. Mais je suis très heureuse pour vous!

8 **une invitation** [ynɛ̃vitasjɔ̃] eine Einladung – 9 **une alliance** [ynaljɑ̃s] ein Ehering, *hier* ein Verlobungsring – 10 **être marié(e)** [ɛtʀmaʀje] verheiratet sein – 11 **être fiancé(e)** [ɛtʀfjɑ̃se] verlobt sein

Johnny:	Vous êtes vraiment très sympa! Vous savez, je suis venu parce que votre père est un homme important dans mon métier. Mais je suis surtout venu pour retrouver mon ami. J'ai pensé: Quelle barbe. Mais avec vous, c'est très sympa!	*Sehr freundlich.*
Grace:	Euh … Est-ce que je peux vous demander quelque chose?	*Sie wagt, etwas zu fragen.*
Johnny:	Bien sûr!	
Grace:	Voilà, j'ai un ami qui joue de la guitare. Il fait des chansons et il a beaucoup de talent. Mais mon père ne veut pas l'aider.	
Johnny:	Pourquoi?	
Grace:	Parce que ... Euh ... Il veut m'épouser!	
Johnny:	Ah, ah, ah! Les papas n'aiment pas les garçons qui peuvent leur prendre leurs filles!	*Lacht.*
Grace:	Est-ce que vous pouvez écouter mon ami? Juste une chanson sur son CD! Si vous pensez que c'est bien, vous pouvez peut-être l'aider, non?	
Johnny:	Pourquoi pas? Et puis, s'il devient[12] célèbre, peut-être que votre papa … Il n'est pas à la soirée[13]?	*Sie lachen beide.*
Grace:	Oh, non! Mon père ne l'a pas invité!	
Johnny:	Invitez-le ici, dans le jardin. On va pouvoir parler musique! Quelle barbe, ces soirées.	
Grace:	Il habite dans cette maison, à côté, là. C'est notre voisin. Je peux lui téléphoner si vous voulez.	*Zeigt zum nächstliegenden Haus.*
Johnny:	Nous allons lui faire une surprise! Vous lui dites que vous avez un cadeau pour lui!	*Begeistert von der Idee, etwas Lustiges zu machen.*
Grace:	D'accord! Mais mon père ne va pas être content!	*Zögert.*
Johnny:	Votre père? Pas de problème! C'est moi qui invite votre ami! Votre papa ne peut rien dire! Allez, téléphonez à votre ami. On va lui faire une surprise!	
		Grace nimmt ihr Handy aus ihrer Handtasche und ruft Tony an.
Grace:	Allô, Tony? C'est moi, Grace. Tu peux venir à la soirée, s'il te plaît? J'ai une surprise pour toi! … Non, papa ne sait pas, mais c'est Johnny Di Napoli qui t'invite … Il est d'accord pour écouter ton CD. Viens, on est dans le jardin. À tout de suite, je t'embrasse, Tony.	

12 **devenir** [d□v□niʀ] werden – 13 **une soirée** [ynswaʀe] ein Abend / eine Party

Johnny:	Quoi? Tony? Mais c'est aussi le nom de mon ami!	*Erstaunt.*
Grace:	Ah? Tony arrive dans une minute.	
Johnny:	Parlez-moi un peu de votre ami.	*Neugierig.*
Grace:	Tony? Nous sommes amis depuis l'école. Après, il est parti à Paris pour faire de la musique.	
Johnny:	Ah bon?	*Sehr aufgeregt.*
Grace:	Oui, il a fait de la guitare et il chante.	
Johnny:	Je me demande si …	
Grace:	Tiens, le voilà!	
		Tony kommt über den Zaun. Grace umarmt ihn und will ihm Johnny vorstellen.
Grace:	Tony, je te présente Johnny Di …	
Johnny:	Tony!	*Sie erkennen sich.*
Tony:	Franck!	*Sie fallen sich in die Arme.*
Grace:	Franck?	
Johnny:	Oui, Johnny Di Napoli, c'est mon nom d'acteur, mais je m'appelle Franck.	
Tony:	Alors, c'est toi, le célèbre Johnny Di Napoli! Je ne peux pas le croire!	
Johnny:	Grace m'a dit que tu as du talent, mais ça, je le sais déjà! Nous allons pouvoir encore travailler ensemble! Tu vas être célèbre et je pense que tu vas pouvoir épouser Grace!	

VOLEURS À LA LAVERIE

Band 3, nach Lektion 2
9 Akteure, 1 Sprecher
ca. 6 Stunden
ca. 15 Minuten

1 Inhalt

Textsorte
Dieser Sketch ist eher eine Comedy-Show als ein Theaterstück. Was sich im Waschsalon ereignet, ist weder logisch noch realistisch, sondern lässt verschiedene Situationen (Waschsalon, Banküberfall) kollidieren, um Situationskomik (Gags) zu schaffen.

Situation
In einem französischen Waschsalon begegnen sich verschiedene Leute. Der Inhaber öffnet seinen Waschsalon und merkt, dass der Waschpulverspender nicht richtig funktioniert und dass man draufhauen muss. Nach und nach kommen Kunden, die während der Wartezeit verschiedenen Beschäftigungen nachgehen. Der Mathelehrer korrigiert Schülerarbeiten und ihm wird von der jungen Dame geholfen. Die Oma zeigt dem Jugendlichen, wie man strickt. Die zwei Mädchen tratschen ununterbrochen.
Plötzlich stürmen zwei Bankräuber in den Waschsalon. Entgegen aller Erwartungen wollen sie weder einen Überfall verüben noch Geld waschen, sondern nur ein paar Klamotten waschen.

2 Rollen

1 Présentateur (1)
Er führt auf Französisch kurz in die Szene ein.
Inhaber (1)
Latzhose, bodenständig und praktisch.
Junge Frau (3)
Sie hat Frauenzeitschriften bei sich. Zu Hause hat sie noch viel Arbeit. Sie studiert Mathe an der Uni.
(Mathe-)Lehrer (3)
Er hat eine Brille und eine Mappe voller Hefte. Er wirkt etwas daneben.
Die alte Dame (1)
Sie ist schwerhörig und nett. Sie strickt.
Der Junge (1)
Cooler Jugendlicher im heutigen, trendigen Look mit MP3-Player. Könnte mit Inlinern kommen.
Die zwei Mädchen (2)
Sie sind etwas oberflächlich und tratschen altersgemäß.
Räuber 1 (2) **/ Räuber 2** (1)
Räuber-Look (Strumpfmasken auf dem Kopf, Waffen), gefährliche Erscheinungen. Andernseits ganz „normale" Waschsalonkunden.

3 Bühnenbild und Requisiten

Bühnenbild
Es gibt zwei Varianten:

1. Variante: Die Situation in dem Waschsalon wird komplett, ohne Bühnenbild und Requisiten, pantomimisch dargestellt. Dies erfordert viel Übung, kann aber sehr realistisch wirken.

2. Variante: Man kann die Szene auch realistischer spielen. Das Bühnenbild zeigt einen Waschsalon. Links steht eine Reihe mit acht Stühlen. Rechts, symmetrisch, acht Waschmaschinen.
Man kann jede dieser Waschmaschinen sehr einfach aus einem großen Karton anfertigen, den man an einem Stuhl befestigt und mit einem runden Loch in der Mitte versieht.
Der Waschpulverspender kann aus einem großen Karton bestehen. In ihm befindet sich eine versteckte Person, die die Plastikbecher mit Waschpulver abgibt. Für die Münzen ist ein Schlitz vorhanden.

Requisiten
Inhaber: Latzhose mit Schraubenzieher in der Tasche.
Junge Frau: Große Tasche mit viel Wäsche und Frauenzeitschriften.
Lehrer: Brille, etwas altmodisch gekleidet. Kleine Tasche mit wenig Wäsche (vier Kleidungsstücke). Lehrertasche mit Schülerarbeiten. Zwei Kulis.
Jugendlicher: Trendig gekleidet. MP3-Player mit Heavy metal-Musik, sehr laut (nicht in den Ohren!). Musik muss hörbar sein. Eventuell Inliner.
Oma: Wäschebeutel (eventuell mit etwas Lustigem, was man nicht erwarten würde, wie z.B. Pyjama mit Blumen, supermodernes knallrotes Kleid. Strickutensilien (Pulli wird gestrickt).
Zwei Mädchen: Geschminkt, modisch gekleidet.
Zwei Räuber: Schwarz gekleidet. Strumpfmaske auf dem Kopf. Zwei Rucksäcke: Bei Räuber 1 mit Wäsche, bei Räuber 2 mit „Geld" gefüllt. Rucksack mit Papier ausstopfen, damit es knistert, und ein paar falsche Bankscheine (Spielgeld evtl. bei Bank holen) obendrauf. Darunter ein 500 €-Schein. Plastikwaffen.

4 Spielhinweise

Die Emotionen und die Haltungen der Akteure müssen sehr übertrieben und klischeehaft ausgedrückt werden. Nur so können die Gags wirken.

5 Bühnenplan

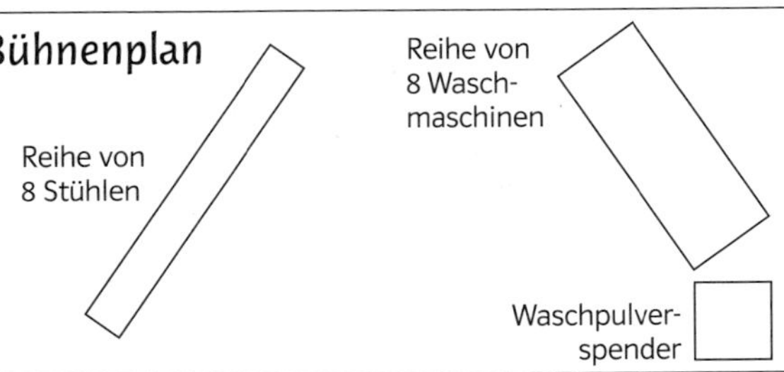

VOLEURS À LA LAVERIE[1]

Présentateur 1:	La laverie, c'est sympa. On rencontre beaucoup de gens et on peut discuter. Voici la laverie du quartier. L'homme de la laverie ouvre à neuf heures.	
		Inhaber des Waschsalons öffnet ihn. Er schaut jede Waschmaschine an, um zu prüfen, ob alles in Ordnung ist. Er bleibt bei dem Waschpulverautomaten stehen, ärgert sich, gibt ihm einen Schlag mit der Faust. Er scheint zu funktionieren, er ist zufrieden. Danach bringt er die acht Stühle in Ordnung. Er kann dabei etwas pfeifen oder summen (etwas Französisches, z. B. von Piaf). Kundin kommt.
Jeune femme:	Bonjour, monsieur!	*Sie hat eine Tüte mit Wäsche und Zeitschriften.*
Homme de la laverie:	Bonjour, mademoiselle! Belle journée, non?	*Freundlich.*
Jeune femme:	Oui, mais je dois encore passer deux heures ici pour faire ma lessive[2]!	*Etwas missmutig.*
Homme de la laverie:	Ah, oui, ça prend du temps.	
Jeune femme:	Et j'ai du travail à la maison. Mais bon, j'ai apporté de la lecture!	*Sie zeigt auf ihre Frauenzeitschriften.*
		Sie stopft die Waschmaschine übertrieben voll mit Wäsche, schließt die Tür mit Mühe. Sie geht zum Automaten, wirft eine Münze ein. Es kommt nichts. Sie ärgert sich.
Jeune femme:	Zut, elle ne marche toujours pas! Monsieur!	
Homme de la laverie:	Oui?	*Erstaunt.*
Jeune femme:	La machine pour la lessive: ça ne marche pas!	
Homme de la laverie:	Attendez, j'arrive. Il faut taper dessus[3].	*Er schaut sich die Maschine an, schlägt drauf. Dann kommt der Becher mit dem Pulver.*
	Voilà votre lessive, mademoiselle!	*Er reicht ihn der Frau.*
Jeune femme:	Merci beaucoup!	*Sie tut das Pulver in die Waschmaschine, drückt den Knopf, setzt sich und liest.*

1 **une laverie** [ynlavʀi] ein Waschsalon – 2 **la lessive** [lalesiv] das Wäsche waschen / das Waschpulver – 3 **taper dessus** [taped(ə)sy] draufschlagen

Homme de la laverie:	Bon, je rentre chez moi, bonne journée, mademoiselle.	
Jeune femme:	Au revoir, bonne journée à vous aussi.	
		Inhaber geht. *Ein Mann kommt herein, mit Wäschebeutel und Schulmappe (Er ist Lehrer.).*
Prof:	Bonjour, madame.	
Jeune femme:	Bonjour, monsieur!	
		Der Mann gibt vier Kleidungsstücke in die Maschine und will Pulver holen. *Automat funktioniert nicht.*
Prof:	Ça ne marche pas?	*Leicht verärgert.*
Jeune femme:	Si, si, attendez! Il faut taper dessus!	*Sie nähert sich, gibt dem Automaten einen Schlag. Pulver kommt.*
Prof:	Merci beaucoup, mademoiselle!	
Jeune femme:	Pas de problème.	*Sie setzt sich wieder und liest weiter.* *Der Mann drückt auf den Knopf, setzt sich neben die Frau, holt Schülerarbeiten und korrigiert sie.* *Die Frau schaut zu.*
Jeune femme:	Vous êtes prof de maths?	
Prof:	Oui, je dois finir ces devoirs, j'ai cours à 11 heures!	*Sorgenvoll.*
Jeune femme:	Oh là là! Vous en avez beaucoup!	*Mitleid.*
Prof:	Oui, et je n'ai plus beaucoup de temps!	*Schaut auf seine Uhr.*
		Der Mann korrigiert weiter, die Frau liest weiter. *Ältere Dame mit Stock kommt herein, grüßt, füllt die Waschmaschine mit ihrer Wäsche und will sich Pulver holen. Gleiches Problem mit dem Automaten.* *Der Mann und die Frau stehen auf und nähern sich der Frau.*
Prof:	Attendez, madame, nous allons vous aider.	
Jeune femme:	Oui, la machine marche mal. Il faut taper dessus.	
		Der Mann und die Frau schlagen gleichzeitig auf den Automaten. *Es kommen zwei Becher Pulver.*
Grand-mère:	Oh, merci! Oh, c'est trop! C'est trop!	
		Die alte Dame gibt einen Becher Waschmittel in die Waschmaschine und lässt den anderen Becher auf der Waschmaschine stehen. Sie setzt sich und strickt einen Pulli. *Der Mann korrigiert weiter. Die junge Frau sieht ihm über die Schulter und liest mit.*
Jeune femme:	Là, je crois que c'est «$a^2 + b^2 + 2ab$».	*Aussprache: a, 2, plus, b, 2, plus, 2, a, b.* *Der Mann schaut die Frau erstaunt an.*

Prof:	Vous croyez?	
Jeune femme:	Mais oui, bien sûr! Regardez, là. Oui, c'est bien $a^2 + b^2 + 2ab$.	*Sie zeigt auf die Arbeit.*
Prof:	Ah, oui, c'est vrai. Merci!	*Etwas erstaunt, dass er das nicht selbst gesehen hat.* *Sie machen alle weiter.* *Jugendlicher kommt, mit MP3-Player und Kopfhörer, so laut, dass man es hört. Heavy metal ertönt.*
Jeune:	Salut!	*Die anderen Kunden antworten nicht, schauen ihn vorwurfsvoll an. Er füllt die Maschine, will Pulver. Der Automat funktioniert nicht. Keiner hilft. Der Junge nimmt den Becher von der Waschmaschine der alten Dame. Sie sind alle entsetzt, sagen aber nichts. Der Junge merkt nichts. Er setzt sich neben die alte Dame.*
Prof:	Ah! Ces jeunes avec leur musique! C'est trop fort!	
Jeune femme:	C'est vrai.	
Grand-mère:	Pardon? Qu'est-ce que vous avez dit?	*Etwas schwerhörig.*
Prof:	La musique est trop forte!	*Sagt es lauter. Der Junge merkt nichts und nickt im Rhythmus der Musik. Der Mann versucht weiter zu arbeiten. Man sieht, dass die Musik ihn stört.*
Prof:	Je ne vais jamais pouvoir finir!	
Jeune femme:	Attendez, je vais vous aider. Tu peux mettre ta musique moins fort, s'il te plaît? C'est sympa.	*Zum Jungen.*
Jeune:	Pardon? Ah, oui, bien sûr. Pardon. No problem.	*Entgegenkommend. Er macht die Musik leiser.*
Jeune femme:	Et voilà, ce n'est pas difficile, il faut seulement demander!	*Zum Mann.*
Prof:	Merci beaucoup!	*Dankbar.*
Jeune femme:	Attendez, je vais vous aider.	*Hilfsbereit.*
Prof:	Euh, oui, mais ...	
Jeune femme:	Je suis à l'université[4], en maths!	
Prof:	Ah! Alors, pourquoi pas? Merci!	*Erfreut.*
		Er gibt ihr die Hälfte des Stapels. Sie korrigieren. *Szenisches Spiel zwischen der alten Dame und dem Jungen: Er schaut der Strickerei der alten Dame zu. Sie kommen ins Gespräch. Sie zeigt ihm ihre Arbeit, er leiht ihr seinen Kopfhörer. Danach versucht er zu stricken. Die alte Dame zeigt es ihm. Sie lachen viel.* *Zwei Mädchen kommen. Sie plappern ununterbrochen.*

4 **une université** [ynyniveʀsite] eine Universität

Fille 1: Mais alors, tu comprends, Pierre sort[5] maintenant avec une autre copine!

Fille 2: Non, ce n'est pas vrai!

Fille 1: Si! Mais sa première copine, elle est maintenant avec le copain de Pierre.

Fille 2: Ce n'est pas possible!

Fille 1: Et tu ne sais pas, la sœur de Pierre, elle est maintenant avec l'ex[6] de Magali!

Fille 2: Ce n'est pas vrai! Avec l'ex de Magali?

Fille 1: Oui! Et tu sais, Jean sort maintenant avec une autre copine!

Dieses Gespräch wiederholt sich mehrmals, mit jeweils anderen Namen. Es muss schnell, tratschartig klingen. Gleichzeitig füllen sie die Waschmaschine. Wenn sie zum Automaten kommen, schlagen sie ihn ohne sich zu ärgern und ohne ihr Gespräch zu unterbrechen.

Prof: Et là, qu'est-ce qu'on fait? *Zeigt eine Arbeit.*

Jeune femme: «$a^3 + 3ab$»? *Schaut die Arbeit an. Aussprache: (a, 3, plus, 3, a, b)*

Prof: Oui, mais je ne suis pas sûr. «$3a^2 + 2b^3$», peut-être.

Jeune femme: Euh ... Attendez, je réfléchis.
Non, non, $a^3 + 3ab$ ...
Mais comment s'appelle votre élève?
Julien Thomas? Mais c'est mon frère! *Liest den Namen des Schülers.*

Prof: Ah, ça, c'est drôle! Il n'est pas très bon en maths!

Jeune femme: Non, dans la famille, les maths, c'est moi!

Sie lachen.

Plötzlich stürmen zwei bewaffnete Männer mit Strumpfmasken in den Waschsalon. Sie tragen zwei identische Rucksäcke. Wie beim Überfall, öffnet einer die Tür, der andere kniet und legt die Waffe an. Als sie keine Gefahr sehen, verhalten sie sich wie normale Kunden.
Die anderen Kunden heben die Hände hoch, starr vor Angst, die alte Dame mit Kopfhörer, der Junge mit dem gestrickten Pulli usw.

Voleur 1: Bonjour, mesdames, messieurs!

Niemand antwortet.

Voleur 2: Bonjour, belle journée, hein?

Räuber 1 geht vor die Waschmaschine, öffnet seinen Rucksack und zieht Banknoten heraus.

Voleur 1: Zut, ce n'est pas dans ce sac.

Voleur 2: Non, c'est moi qui ai la lessive, attends!

5 **sortir avec qn** [sɔʀtiʀavɛk] mit jdm gehen – 6 **un ex** [ɛ̃nɛks] ein Ex(freund)

		Er zieht Wäsche aus seinem Rucksack und stopft sie in die Maschine. *Allmählich beruhigen sich die Kunden, ohne aber die Räuber aus den Augen zu lassen.*
Voleur 2:	Va chercher de la lessive, s'il te plaît.	
		Räuber 1 geht vor den Automaten und sucht Münzen in seiner Tasche. Er findet keine.
Voleur 1:	Dis, tu n'as pas deux euros?	*Zum Räuber 2.*
Voleur 2:	Ah, non, c'est toi qui a l'argent!	
		Räuber 1 sucht in seinem Rucksack. Er zieht einen 500-Euro-Schein heraus.
Voleur 1:	Pardon, messieurs-dames. Vous avez la monnaie[7]?	 *Fragt freundlich.*
Prof:	Euh, non, je n'ai pas la monnaie, mais je peux vous donner deux euros!	 *Der Mann gibt ihm zitternd 2 Euro.*
Voleur 1:	Oh, c'est très gentil! Merci. Tenez! Si, si, s'il vous plaît! Ce n'est pas grave si vous n'avez pas la monnaie.	*Er reicht ihm den 500-Euro-Schein.*
		Er geht zum Automaten, wirft die Münze ein. Es passiert nichts.
Voleur 1:	Il ne marche pas. Vous savez ce qu'il faut faire?	*Fragt alle Leute.*
Jeune femme:	Oui, il faut taper dessus!	*Mutig.*
		Räuber 1 nähert sich. Räuber 2 steht vor dem Automaten. *1 schlägt 2 auf den Kopf.* *Gleich kommt der Becher mit dem Pulver.*
Voleur 1:	Ah, ça marche! Merci beaucoup.	*Sie werfen die Maschine an und setzen sich zu den anderen und unterhalten sich wie normale Kunden.* *Die anderen Kunden verlassen völlig verängstigt auf Zehenspitzen klammheimlich den Waschsalon, ohne ihre Wäsche mitzunehmen.* *Die Räuber sind überrascht und schauen sich verwundert an.*

7 **avoir (de) la monnaie** [avwaʀ(də)lamɔnɛ] Wechselgeld haben

EN SCÈNE

Band 3, nach Lektion 5
5 Akteure, 2 Sprecher
ca. 5–6 Stunden
ca. 20 Minuten

1 Inhalt

Im Kulturzentrum möchten zwei Schauspieler (Julie und Jacky), ein Regisseur, ein Fotograf und ein Kameramann einen Kurzfilm drehen und auf einem Kurzfilmfestival vorführen. Der Regisseur hat eine neue Filmidee: Der Film soll sich selbst mit Hilfe einiger Anweisungen frei entwickeln und inszenieren. Die Eigenschaften der Schauspieler (Julie ist nicht sehr klug und mag Jacky gar nicht. Jacky hingegen ist in Julie heimlich verliebt.) gepaart mit wenigen Regieanweisungen führen schließlich zur Inszenierung eines ungeplanten Ehekrachs.

2 Rollen

2 Présentateurs (je 1)
Sie führen auf Französisch in die Szene ein.
Julie (3)
Sie ist sehr hübsch, aber dumm. Sie benimmt sich wie ein „Frauchen" und ist die Freundin des Regisseurs.
Regisseur (3)
Der Regisseur ist mit Julie zusammen. Allerdings nervt sie ihn und er ist nicht sehr freundlich zu ihr.
Jacky (3)
Er ist Schauspieler, ein netter Kerl und heimlich in Julie verliebt. Dies wagt er aber nicht zu sagen, weil sie schon mit dem Regisseur zusammen ist.
Fotograf (2)
Kameramann (2)
Beide arbeiten professionell und haben ein gutes Verhältnis zueinander.

3 Bühnenbild und Requisiten

Bühnenbild
Studio mit schwarzem Hintergrund und Bühnenbeleuchtung.

Requisiten
Für Fotograf und Kameramann: Entsprechende Digitalgeräte, kein Stativ.
Fotograf: Uhr
Kleidung: Alle sind normal gekleidet. Julie und Jacky, als Schauspieler, könnten schwarz angezogen sein.
Regisseur: Stoppuhr

4 Spielhinweise

Die Gesamtstimmung ist locker. Die Arbeit mit dem Regisseur sachlich und professionell.
Der Regisseur leitet das Ganze mit vollem Bewusstsein und weiß, was er will. Er hat ein zwiespältiges Verhältnis zu Julie. Einerseits sind sie zusammen, andererseits scheint sie ihn zu nerven.
Jacky ist nett. Als er seine Liebeserklärung macht, kommt sie von ganzem Herzen. Er wird abgelehnt und reagiert verletzt.
Julie spielt das „oberflächliche Frauchen", die man nur nimmt, weil sie schön aussieht. Sie mag Jacky gar nicht (vielleicht spürt sie, dass er sie liebt) und will von ihm nicht angefasst werden. Dies ist der Anlass zum Streit.
Fotograf und Kameramann nehmen von verschiedenen Seiten auf (mal kniend, mal quer usw.) und verleihen ihrem Tun Professionalität.

Bei den Dreharbeiten laufen Julie und Jacky von links nach rechts bzw. von rechts nach links.
Fotograf und Kameramann müssen ihnen folgen und mitlaufen.

5 Sprachliche Vorbereitungen

Folgendes „Dreharbeitsvokabular" sollte als Vokabelnetz gestaltet vorher eingeführt werden.
un photographe ein Fotograf
un caméraman ein Kameramann
un court métrage ein Kurzfilm
un scénario ein Drehbuch, eine Story
un plan eine Einstellung
la mise en scène eine Inszenierung
un gros plan eine Nahaufnahme
un film documentaire ein Dokumentarfilm
Festival des très-courts (www.trescourt.com) bewertet sehr kurze Filme (kürzer als 3 Minuten).

EN SCÈNE

		In einem Filmstudio.
Présentateur 1:	Le club vidéo de la Maison des Jeunes et de la Culture[1] a un super projet!	
Présentateur 2:	Ah oui?	*Interessiert.*
Présentateur 1:	Ils veulent faire un court métrage et le présenter au festival des Très-Courts.	
Présentateur 2:	Qu'est-ce que c'est, le festival des Très-Courts?	
Présentateur 1:	C'est un festival de court métrage pour les films qui font moins de trois minutes.	
Présentateur 2:	Ah! C'est intéressant. Et qu'est-ce qu'ils ont choisi comme sujet?	
Présentateur 1:	Tu vas voir, c'est une surprise! Le caméraman et le photographe arrivent.	
		Sie gehen und setzen sich, um die Szene anzuschauen.
		Kameramann und Fotograf kommen mit ihrem Equipment herein (Gute Ausstattung, aber nicht professionell). Die Bühne ist leer mit einem schwarzen Hintergrund.
Fotograf:	On commence à quelle heure?	*Schaut auf seine Uhr.*
Kameramann:	À quatre heures. J'espère qu'ils seront tous à l'heure! La dernière fois, on a attendu Julie, la star du club vidéo!	
Fotograf:	Pourquoi? Elle est bonne?	
Kameramann:	Non, mais c'est la copine du réalisateur!	
Fotograf:	Elle a du talent[2]?	
Kameramann:	Bof, elle est surtout jolie!	*Ablehnend.*
Fotograf:	Ah, ah! Tu connais le scénario?	*Neugierig.*
Kameramann:	Non. Peut-être une publicité! Ah, ah!	*Scherzt.*
Fotograf:	Ah bon? Mais on ne peut rien faire, en trois minutes!	*Wundert sich.*
Kameramann:	Je ne sais pas, le réalisateur a toujours des idées géniales! L'année dernière, on a fait un roman complet en trois minutes!	*Begeistert.*
Fotograf:	Ah? Et les gens ont compris?	*Zweifelnd.*
Kameramann:	Oui, il a eu le troisième prix.	
Fotograf:	Bon, moi, je suis prêt. Ils arrivent?	*Ungeduldig.*
Kameramann:	Oui, tiens, voilà le réalisateur avec Julie.	*Der Regisseur und Julie kommen.*
Regisseur:	Bonjour!	
Julie:	Salut!	*Mit Kaugummi.*
Fotograf:	Salut!	
Kameramann	Bonjour!	

1 **Maison des Jeunes et de la Culture (MJC)** frz. Kulturzentrum für Jugendliche – 2 **avoir du talent** [avwaʀdytalɑ̃] Talent haben

Regisseur:	Bon, il manque encore Jacky.	*Schaut um sich, sieht, dass Jacky fehlt.*
Julie:	Il va arriver, il m'a téléphoné. Son bus a du retard.	
Kameramann:	Vous ne voulez qu'une caméra pour ce court métrage?	*Technische Frage.*
Regisseur:	Oui, tu vas faire tous les plans avec le photographe.	
Fotograf:	Ah, bon? Mais les photographes ne font pas les plans, ils prennent seulement des photos!	*Erstaunt.*
Regisseur:	Normalement, oui. Mais toi, tu vas faire des photos, et je vais les mettre dans le film.	*Zum Fotografen.*
Kameramann:	Ah? C'est nouveau, ça!	
Regisseur:	Bon, alors, où est Jacky? Je voudrais bien commencer et vous expliquer la mise en scène.	*Leicht genervt.*
Julie:	Le voilà.	*Jacky kommt, beeilt sich.*
Jacky:	Salut, tout le monde. Excusez-moi, mais …	*Entschuldigt sich.*
Regisseur:	Oui, Julie nous a déjà dit, ton bus avait du retard. Bon allez, on commence.	
Julie:	Bon, alors, qu'est-ce que je fais, moi? C'est quoi, mon texte?	*Fragt etwas dümmlich, mit Kaugummi.*
Regisseur:	Tu attends, je vais t'expliquer. Ce n'est pas difficile. Bon, c'est facile.	*Deutlich genervt.*
	Un homme vient de la droite vers la gauche, une femme vient de la gauche vers la droite. Ils se rencontrent et ils s'embrassent.	*Erklärt mit Gesten.*
Fotograf:	Euh … C'est tout?	*Überrascht von der Einfachheit des Szenarios.*
Kameramann:	Ce n'est pas trop simple?	
Julie:	C'est tout? Je marche et j'embrasse Jacky? Beurk!	*Überrascht, angewidert.*
Jacky:	Quoi, beurk? Tu ne veux pas que je t'embrasse? Je peux te donner une gifle[3] dans le film, si tu préfères!	*Leicht verärgert.*
Regisseur:	Stop! Arrêtez, tous les deux! Ne vous disputez pas encore. Euh, pas maintenant … Mais l'idée de la gifle, ce n'est pas mal!	*Versucht den Streit zu beenden.*
Julie:	Eh! Oh! Ça va! Je vais l'embrasser, c'est bon!	*Findet sich damit ab. Sie lachen alle.*
Regisseur:	Les plans seront très courts, trois secondes. On va alterner[4] les plans sur l'homme, les plans sur la femme et les photos.	*Erklärt sachlich.*
Kameramann:	Ah oui, je vois.	
Regisseur:	On prendra les photos en noir et blanc, mais la caméra, je la veux en couleurs.	*Zum Fotografen.*
	Tu portes ta caméra et tu suis les acteurs. O.K.? Bon, on commence avec Jacky. Tu marches de droite à gauche.	*Zum Kameramann.*
Jacky:	Et quand j'ai fini?	

3 **une gifle** [ynʒifl] eine Ohrfeige – 4 **alterner** [altɛʀne] abwechseln

Kameramann:	Tu reviens et tu recommences[5]! Après, quand on met les scènes ensemble, on a l'impression que tu fais des kilomètres.	*Zu Jacky.*
Regisseur:	Oui, c'est ça! Allez, en scène!	
		Sie fangen an. Jacky läuft von rechts nach links, der Kameramann filmt und speichert nach jeder Einstellung. Der Fotograf fotografiert dauernd. Währenddessen fallen Hinweise und Bemerkungen.
Regisseur:	Oui, c'est bien, comme ça. / Marche moins vite. / Marche plus vite. / Caméra plus près. / Caméra plus loin. / etc.	*Erklärt, was zu tun ist. Alle machen es so. Der Schauspieler, der den Regisseur spielt, kann beliebig viele andere Hinweise geben.*
Julie:	Tiens-toi droit, Jacky, tu marches comme un singe! / Moi, je n'ai pas envie d'embrasser un singe!	*Gibt diese zwei Bemerkungen mittendrin.*
		Die Aufnahme dauert circa fünf Minuten, so dass Jacky ungefähr 10 Mal die Bühne durchquert.
Regisseur:	Bon, ça va. Nous avons assez de scènes.	
	A toi, Julie. Toi, tu viens de la gauche.	*Zu Julie.*
	Non, ce n'est pas ça. / Encore une fois. / C'est un peu mieux.	*Gleiche Arbeit mit Julie.*
Jacky:	Tu fais tes courses dans un supermarché, ou quoi? Tu vas vers le type que tu aimes!	*Bissige Bemerkung.*
Julie:	Mais je ne t'aime pas, Jacky!	*Hört auf zu laufen.*
Fotograf:	On fait du cinéma! Dans les films les acteurs ne s'aiment pas toujours!	*Feststellend.*
Julie:	Ah, bon?	*Etwas dümmlich.*
Regisseur:	On recommence. / Oui, c'est mieux! / Pense à moi, si tu préfères! / Caméra plus près. / Caméra plus loin. / Une photo en gros plan. / etc.	*Sie fangen wieder an. Fotograf und Kameramann befolgen, was der Regisseur sagt.*
		Die Aufnahme dauert circa fünf Minuten, so dass Julie ungefähr 10 Mal die Bühne durchquert.
Julie:	Bon, c'est fini? J'en ai marre de marcher comme une débile[6]!	*Hat davon genug.*
Regisseur:	Encore deux ou trois plans, et c'est bon.	
		Sie drehen noch weiter.
Regisseur:	C'est bon, arrêtons. Maintenant, on va faire la scène où ils s'embrassent.	
		Julie und Jacky nähern sich in der Mitte der Bühne.
Julie:	Tu n'as pas une autre idée?	*Versucht zu entgehen.*
Regisseur:	Si! La gifle.	*Mit Witz.*
Julie:	Non, non, c'est bon.	*Ablehnend.*

5 **recommencer** [ʀəkɔ̃mɑ̃se] noch einmal anfangen – 6 **un/une débile** [ɛ̃/yndebil] ein Depp/eine Deppin –

Regisseur:	Alors, quand vous êtes près, vous vous regardez dans les yeux et vous vous embrassez tendrement[7].	*Gibt Julie und Jacky Anweisungen.*
Jacky:	Tu veux vraiment ça? C'est trop cliché[8], non?	
Regisseur:	Pas de problème! Tu verras, à la fin, ça ne fera pas cliché. Allez, en scène.	*Zu Jacky.*
	Vous continuez toujours à filmer et à prendre des photos. D'accord?	*Zum Kameramann und zum Fotografen mit Augenzwinkern.*
		Sie drehen weiter. Julie und Jacky nähern sich, schauen sich in die Augen. Als Jacky versucht Julie zu umarmen, befreit sie sich.
Julie:	Ah, non, tu ne me prends pas dans tes bras! Je n'ai déjà pas envie que tu m'embrasses, alors être dans tes bras, non, merci.	*Sehr ablehnend.*
Jacky:	Mais! Julie! C'est pour le film.	
Julie:	Pour le film? Toi, tu veux m'embrasser, c'est tout, hein?	*Vorwurfsvoll.*
Jacky:	Mais non, Julie!	
		Der Streit zwischen Julie und Jacky geht weiter. Der Regisseur animiert heimlich den Kameramann und den Fotografen weiter aufzunehmen und schaut gelegentlich auf seine Stoppuhr.
Jacky:	Mais si, tu aimes ça, Julie.	*Er versucht sie zu küssen und bekommt eine Ohrfeige.*
Julie:	Non, mais ça va pas! Tu es fou?	*Stößt ihn zurück.*
Jacky:	Mais Julie, tu sais bien que je t'aime vraiment!	*Plötzliche Liebeserklärung.*
Julie:	Quoi? Tu m'aimes? Mais ce n'est pas possible! Moi, je ne t'aime pas!	*Schockiert.*
Jacky:	Quoi? Tu ne m'aimes pas?	*Enttäuscht.*
Julie:	Non! Tu n'es pas beau et tu es débile!	
Jacky:	Quoi? Débile? Moi? Non, mais, s'il te plaît! C'est toi, la débile! Tu ne peux pas dire plus de trois phrases quand tu joues une scène!	*Beleidigt.*
Julie:	Et toi, quand tu marches, tu es un singe!	*Verletzend.*
Jacky:	Un singe!	
Regisseur:	Stop! C'est bon! J'ai mes trois minutes de film.	*Schaut auf die Stoppuhr.*
		Julie und Jacky hören plötzlich auf zu streiten und sind sehr verdutzt. Sie haben bemerkt, dass alles aufgenommen worden ist.
Jacky:	Quoi? Tu ne vas pas prendre ça comme film?!	*Versteht, was der Regisseur gemacht hat.*
Regisseur:	Si, si, c'est très bien! Et vous êtes très bien!	*Zufrieden.*

7 **tendrement** [tɑ̃dʀəmɑ̃] zärtlich – 8 **C'est trop cliché.** [sɛtʀokliʃe] Das ist zu klischeehaft.

Klettbuch 523180 En scène!

Fotograf:	Ah bon? Vous allez faire un court métrage avec ça?	
Regisseur:	Oui, je le présenterai au festival. Dans la catégorie «film documentaire».	*Fotograf und Kameramann lachen.*
Kameramann:	Et vous allez appeler le court métrage comment?	*Lacht dabei.*
Regisseur:	«Scène de ménage[9]»! On aura beaucoup de succès, et nous aurons peut-être le premier prix, cette année!	*Sie lachen alle.*

9 **une scène de ménage** [ynsɛndəmenaʒ] ein Ehekrach